日本の盛期モダニズム建築像

吉田鋼市

王国社

国際文化会館（一九五五年）65／福島県教育会館（一九五六年）68
国立西洋美術館本館（一九五九年）72
シルクセンター（一九五九年）76／大和文華館（一九六〇年）79
憲政記念館（一九六〇年）83／東京文化会館（一九六一年）87
大原美術館分館（一九六一年）91／国立代々木競技場（一九六四年）95
津山文化センター（一九六五年）99／国立京都国際会館（一九六六年）102
山梨文化会館（一九六六年）106／大崎市民会館（一九六六年）109
千葉県立中央図書館（一九六八年）113

III 大学・学校

京都大学湯川記念館（一九五二年）118／八幡浜市立日土小学校（一九五八年）122
明治大学和泉キャンパス第二校舎（一九六〇年）126
九州工業大学記念講堂と旧・事務棟（一九六〇年）129
南山大学（一九六四年）133／大学セミナーハウス（一九六五年）137
愛知県立芸術大学（一九六六年）141

IV 事務所ビル

日本真珠会館（一九五二年）146／NTT日比谷ビル（一九六一年）150
日本財団ビル（一九六二年）153／紀伊國屋ビル（一九六四年）156

V 病院・ホテル・広場・住宅

VI 宗教施設

はじめに

一九二〇年ころには、理論としてはもちろん、実作としても一応の完成された姿を示していたモダニズムの建築であるが、苦もなく速やかに世の中に浸透していったわけではなく、社会に幅広く受け容れられるには多少の時間を要した。一九三〇年代には不安な時代を背景に復古的・古典主義的な意匠が盛んに使われたし、この時代に最もよく使われたのはむしろ装飾的な細部を許容するアール・デコであった。実際、モダニズムの建物は、芸術家などの意識の高い人々の住宅や先駆的な集合住宅、あるいは合理性と生産性が強く要求される工場などの施設にしか用いられず、社会的に重要で大規模な記念碑的施設にはほとんど用いられなかった。つまり、戦前まではモダニズムの建築はどちらかといえば理論的な存在にとどまったのであり、まさに前衛的な存在であった。

モダニズムの建築が社会の隅々にまで浸透し、それが当たり前の存在になるのは戦後である。当たり前の存在となることによって、それは前衛性を失い、新奇であることが最大の魅力であった近代芸術特有の芸術性も希薄になった。しかし一方で、モダニズムの建築は成熟度を高め、安定性を獲得すると同時に、シェル構造などを用いることによって記念碑性を得るためのアクロバティックで大胆な造形を追求していった。また、インターナショナルではありながらなんらかの伝統的・地方的な風土と文化の表現をも加味する余裕をもつことになる。つまり、戦後はモダニズムの建築の普及浸透と成熟の時代であった。そしてこの時期は、西洋からひたすら学び受け入れるだけであった日本の建築界が、西洋と並走し、さらには「メタボリズム」という影響力ある理念を初めて国際的に発信した時期でもあった。

本書はこの成熟期の日本のモダニズム建築五十件の訪問記である。前著『日本の初期モダニズム建築家』が主として戦前の建物を扱っているのに対して、本書は戦後の建物を扱ったいわば前著の続編にあたる。前著が建築家に焦点を当てたのに対して、本書は個々の建物を対象にしている。同じ建築家の仕事をいくつかとりあげているからである。対象物を五十件としたのは、単に切りがよいだけで、実際にはもっとたくさんの建物を見てきたのであるが、それらは同様な用途の建物をとりあげた際に言及するようにした。

問題は、単純に戦後といっても正確に時期をどう区切るかである。初めのほうは比較的簡単で、一九四五年としてよいであろうが、四〇年代は建設活動自体もそれほど活発ではなく、現存するものもほとんどない。それで四〇年代のものはとりあげていない。この時期の代表として、廃墟ではあるが高密度集合住宅の縮図たる長崎県端島の軍艦島65号棟（一九四五年の竣工後、五〇年代にかけて増築）をとりあげようと訪ねてはみたが、問題はあまりにも複雑で安易には片付けられないようだし、軍艦島に上陸できたのはほんの一部だけで、65号棟の近くまでは行っていないということもあり、断念した。

一方の終わりをどうするかであるが、これは難しい。まず、なんとなく七〇年代以降とそれ以前とは異なっているであろうという印象はもった。とりわけ、一九六八年は大きな転回点の年であった。大学闘争、ヴェトナム反戦運動、パリの五月革命、「プラハの春」等々、この年には大きな抵抗活動、事件が相次いだ。新宿の国際反戦デーで騒乱罪が適用されたのもこの年であり、中国の文化革命もこの年に大きな進展を見せた。当時大学生であった筆者の個人的な感懐になるが、この頃は個々人の倫理がそれぞれに厳しく問われているようで苦しかった。そういうとあまりに格好つけすぎかもしれないが、しんどかったことは確かである。この一九六八年以降は、そうした深刻な問いが問われなくなったような気がする。強くて当然のようではあるが間違っているかもしれないものに対する抵抗運動、ありそうなもう一つの理想的な世界への希求がなくなってしまったのであろう。いわゆる「大きな物語」の終焉である。建築の世界においても、建築が新しく正しい世界を導いていく、建築がそのための有力な手段となる、あるいはなるべきだという考え方が消えてしまったような気がする。というわけで、一九七〇年以降は対象とせず、建築がまだ夢を追っていた五〇年代、六〇年代に限ることにした次第である。

しかし、一九五〇年代、六〇年代の二十年間に建てられた建物だけでも、現存するものはたくさんある。本書は実際の訪問記であるから、基本的には公開されているものばかりを選んでおり、実験的な試みが数多く行われた住宅建築も、レストランなどに用いられて公開されたもののみに限っている。またモダニズム建築の歴史上重要な存在であるべき工場も扱っていない。突然訪れて見学というわけにはいかないからである。勢い県庁舎・市庁舎・美術館・文化会館などの公共建築の占める割合が大きくなったが、現実にもこの時期には時代のシンボルとなるような地方自治体の公共建築がたくさん建てられている。その背景には、もちろん当時の回復しつつあった経済状況があったが、建設事業に使い得る地方債に関する法令が一九五三年に改正され、それまで主として水道・道路などのインフラや学校などの教育施設にしか使えなかったものが県・市庁舎などの行政施設にも使えるようになったからともされている。それから、結果的にはとりあげた作品の建築家はすべて亡くなった人たちである。ことさらに物故者を選んだわけではないが、生存者はまだ変わることもあり、「これが彼の到達点(限界)であった」などと安易にはまとめられないから、少し避け気味であったこともないではない。

というわけで、本書は一九五〇～六〇年代に建てられた現存のモダニズム建築五十件を見てまわった記録である。対象の五十件を選ぶには、様々な資料を参照したが、とりわけドコモモ・ジャパンの選定したものを参考にした。そうした情報の下に、実際に行ってみると、たまに取り壊されたものや改築の大きいものもあり、また取り壊しの議論の渦中にあるものもあった。改築の大きなものは省いたが、間もなく取り壊されるかもしれないものは含めた。この訪問記は概ね二〇一八年夏・秋期の状況を示している。

モダニズム建築の成熟

理念としても方法としてもほぼ完成されていた戦前のモダニズム建築は、戦後にその成熟期を迎える。大規模な公共建築を手がける機会もたくさん出てきたし、計画する対象も個々の建物から都市へとスケールが大きくなった。しかし、それとともに原理原則にかなって機能を満たしただけの禁欲的な仕事がつまらなくて貧相に見えるようにもなったし、視覚的インパクトを高めるための記念碑的で派手な表現も試みられるようになった。より自由で生き生きしたものとなったが、逆に箍《たが》が緩んだともいえる。

そうした事情を象徴的に示したのが、CIAM（近代建築国際会議）の解体である。一九二八年の発足以来、世界のモダニズム建築の発展を先導してきたCIAMであるが、一九五六年の第10回会合を準備した若い建築家たちのグループ（第10回の10のローマ数字をとって「チームX（テン）」と呼ばれる）によって終わりに導かれる。この解体に至る経緯の深層には若いCIAMのメンバーによる世代交代の欲求もあったとされるが、現実にも当時の社会や都市はCIAMの発足時に比べてはるかに複雑になっていて、単純な機能の充足を唱えるだけではうまく対応できなくなっていたのであろう。もっとも、彼らもCIAMの綱領に正面から異を唱えたわけではなく、それまでの狭量で融通のきかない硬直した手法を批判し、より柔軟でフレキシブルな対応を主張したのである。

その一端がイギリスの「ブルータリズム」とかオランダの「構成主義」とか呼ばれた傾向で、それらは錯綜した現実により的確な対応ができる手法と造形を提示した。造形的には、「ブルータリズム」は打放しコンクリートの荒々しいテクスチャーを好んだし、キャンティレバーやシェル構造を盛んに用いて時にはアクロバティックで派手なものを好んだ。「構成主義」は、造形的にはとりたてて新しい成果を示したわけではないが、その計画手法において現実の複雑な仕組み(構造)を反映し、現実の様々な変化にも対応可能な方法を提示した。こうした傾向から少し後の「メタボリズム」や「アーキグラム」の動きが生じるのであるが、それらは現実の時間的な変化に対応して生物のように自らが変化可能な造形と手法を提示した。実際には、自らが変化して対応するということは困難であったが、それにエネルギー消費の限界ということもまったく無視していたが、理念としては刺激的で、そうした造形はより進んだ技術を背景にしてダイナミックで、時には有機的な造形をも提示して、建築の多様な可能性を示し、あるかもしれない夢のような未来を示すことになる。

かくして、一九五〇年代、六〇年代のモダニズム建築の造形は一気に豊かになった。建設技術の進歩がいかに大きくいかに複雑な造形をも可能にしたし、実際そうした形が必要とされもしたのである。かつての小さく痩せていて貧相で禁欲的な造形から、大きく堂々としていて豊かで活動的な造形への変化である。骸骨から筋肉質なボディへと変化したと言えるかもしれない。かつて鉄筋コンクリートは、便利な技術・手段ではあるがそれ自体が美しい材料とは考えられていなかったが、いまやコンクリートのテクスチャー自体が愛好されるようになった。それと共に骨材や型枠を工夫したり、コンクリートを打上げた後に表面をはつったりして多様なテクスチャーも生み出された。

そもそもモダニズムの美学においては、形は機能が決めるのであって、あれこれと追求すべきものではなく、いわば自動的に決定するべきものであった。機能を満たしてそれ以外のものは一切ない清貧の美学がよしとされたのであった。しかし、同じ機能を満たす形は現実には様々であって、一つではありえないし、これぞ決定版というぴったりの形や、絶妙のプロポーションとされるものも単なる習慣の産物に過ぎないということもしばしばある。それに、同じ決まりきった形ばかりだとつまらなくもなる。ミース・ファン・デル・ローエの名高い警句「レス・イズ・モア」をもじったR・ヴェンチューリの「レス・イズ・ボア（うんざりする）」（一九六六年）は、そうした感覚をはっきりと示したものであり、それはポストモダンへとつながっていくことになるのだが、このような感覚の広がりに応じて、モダニズムの建築もすぐれて彫塑的な造形を追求し始めた。その彫塑的造形の象徴的な産物が、ル・コルビュジエのロンシャンの礼拝堂（一九五五年）であった。また、建物の規模が大きくなるにつれて、単に広大なだけの平滑な壁面が魅力に欠けることから、壁画や彫刻やオブジェの助けを借りるようになった。造形芸術を統合する場としての建築という古くからある考えも蘇ったのである。

モダニズムの建築は憚ることなく自らの美学を追求し始め、その成果を誇示し始めたわけだが、これは反面では規範のゆらぎ、ひいては崩壊を意味した。そしてなんでもありのポストモダンへと至るのであるが、ポストモダンがもっぱら機知と諧謔を事としたのに対して、戦後まもなくのモダニズム建築は、よりよき社会の建設に関わっていこうとする大義をまだ持っていた。つまり、一九五〇年代と六〇年代は規範のゆらぎは見られるものの、なお正しき使命と未来を望みつつ、かつ自由で闊達な表現を試みることができた幸せな時期だったといえるかもしれない。そこには、建築がリベラルで豊かな社会の器となるという明るい望みが溢れていたし、意欲的で楽しげな造形的試みがたくさん見られるし、建築の力で社会を変え得るという夢もみなぎっていたのである。

現実の社会の変化は激しく、いまになって見れば多少能天気だった気もしないでもないが、この時代の成果には目を瞠《みは》らせるところが多々あり、さらにはモダニズム建築の理念と造形に日本のアイデアと繊細さが貢献した重要な時期でもあった。それを次に見てみよう。

盛期モダニズム建築と日本の貢献

明治以来、ひたすら西洋の建築を学んできた日本の建築界も、戦後の一九五〇〜六〇年代には西洋と同じ歩調で歩むことになり、時には西洋に影響を及ぼすという状況にもなった。モダニズムの発展における日本の貢献の一つは、伝統的な木造の柱梁構造の緻密な美学を導入したことと、もう一つはそれを可能にした鉄筋コンクリートの施工技術の正確さであろう。日本の建築家たちの仕事は、伝統的な建築設計法である木割りを思わせるほどに精密であったし、時にはコンクリートの梁を伝統的な木造建築の垂木鼻のように表現したり、バルコニーの手摺りを欄干のように表現したりした。たとえば、広島平和記念資料館（一九五五年）のピロティは、単なる支柱（ピロティ）であること以上に繊細な造形を施されていたし、香川県庁舎（一九五八年）の梁は整然とした垂木鼻を思わせもした。

そもそも、モダニズムの理想とするシンプルな造形と日本の伝統的な木造建築の簡素な造形との類似性を指摘する意見は、すでにブルーノ・タウトが戦前から表明していた。タウトは桂離宮や伊勢神宮にモダニズム建築の理想を見たのである。それを書いた論考は、一九三三年から一九三六年に至るタウトの滞日中に書かれ、日本語に翻訳されて出版されたが、もとのドイツ語では出版されていないようである。たしかに、タウトは一九二四年に出版した『新しい住居』ですでに、「この厳格（シュトレンゲ）が、先頃の大震災後の復興事業によって失われない事を願うばかりだ。日本人が独自の住宅文化を鉄筋コンクリートのような新しい耐火材料を以て継承し、それをさらに発展させていくことを願わずにはいられない。おそらく日本には我々にとっては馴染みの薄い風習、環境が存在していることだろうが、それにも拘わらず空間の形式については、悉くを彼らから学ぶことができるのだ」（斉藤理・訳、中央公論美術出版、二〇〇四年）と書き、日本の住宅の「空間的厳格」さに言及はしていたが、滞日中の論考はあくまでも日本人むけのものである。したがって、この見方が国際的に広がったわけではない。しかし、日本人の建築家たちには大きな影響を与えたであろう。タウトの翻訳本は戦前にも出ているが、むしろ戦後まもなくから一九五〇年代にかけて多くのものが出版されており、この頃の日本のモダニズムの建築家たちに大きな力を与えたであろう。

一九五〇年代の半ば以降には、いわゆる「伝統論争」によって、もともとモダニズムの美意識と相通ずると見なされていた弥生的建築に、より素朴で力強いと考えられた縄文建築のパワーも付け加えられた。縄文建築論は従来のモダニズムの洗練に加えて、粗野にも見える原始的で彫塑的な造形を奨励したし、折からのブルータリズムに呼応して力強く多様で自由な造形をつくるように建築家を誘ったのである。この「伝統論争」も日本国内の論争にすぎないが、日本の建築家たちに大いに刺激を与えたであろうし、それに力を得て彼らは誰はばかることなく自由な造形をつくりだした。あるいはまた、この縄文建築論はモダニズムの枠内のロマン主義的運動とも見なせるのであり、「あれかこれか」よりも「あれもこれも」、もしくは「もう一つのもの」を求めるポストモダンの走りとも見られるのである。

以上は、むしろ日本国内のできごとであったが、国際的にもかなりの発信力をもったのが「メタボリズム」であった。これは、一九六〇年の五月に東京で開かれた世界デザイン会議を準備した黒川紀章(一九三四―二〇〇七)、菊竹清訓(一九二八―二〇一一)、大高正人(一九二三―二〇一〇)、槇文彦(一九二八―)などの若い建築家たちを中心につくられたグループが掲げた宣言で、「メタボリズム――未来の都市」と題した冊子も同じ一九六〇年に出している。「メタボリズム」は「新陳代謝」のことで、それまでモダニズムが機械とのアナロジーで語られてきたことに対して、有機的な生物のように自らが新陳代謝をして成長していく建築や都市を提案したものである。彼らの提案には、「海上都市」や「塔状都市」があり、これは翌年の一九六一年のこととなるが、メタボリズムの名にぴったりともいえるDNAの二重螺旋形をした「ヘリックス・シティ」なるものも提案されている。最先端の科学と技術を駆使した未来の都市イメージは各国のデザイナーに大きな刺激を与えたであろう。その影響下に、アーキグラムの未来都市イメージ、「プラグイン・シティ」や「ウオーキング・シティ」も生まれるのである。

メタボリズムとアーキグラムに共通するのは、取り替え可能な単位(ユニットとかカプセル)とそれを支える巨大な構造(メガ・ストラクチャー)という考え方であるが、取り替え可能というのはイメージとしては容易ではあるが、実際のスペースを部品のように交換することは難しかった。メタボリズムによる代表作の一つとされる中銀カプセルタワーも、一九七二年にようやく実現した作品であるが、これまでのところカプセルは一度も取り替えられていない。とはいえ、メタボリズムの建築家たちは、宣言後十年を置かずして彼らの提案に則った作品を現実に実現させたのであり、その力と影響は大きかったものと思われる。また、アーキグラムの提案がよく言えばシニカルでクリティカルな側面を有してはいたが、ほとんど現実性を帯びていなかったのに対して、メタボリズムは、悪く言えば技術のもつ負の側面に無関心であったともいえるが、現実的な可能性を真摯に探して実際につくりあげたのであるから、その功績は大きい。

メタボリズムは日本の建築界が初めて国際的な発言力をもった最初の例であり、これを契機に日本の建築界はモダニズム建築の最先端を歩むことになる。戦前の国際コンペに日本人建築家が応募した例はあるにはあるが、ごくまれで応募者も一人か二人であるのに対して、トロント市庁舎国際コンペ（一九五八年）には、坂倉準三（一九〇一―一九六九）、山口文象（一九〇二―一九七八）、前川国男（一九〇五―一九八六）、小坂秀雄（一九一二―二〇〇〇）、丹下健三（一九一三―二〇〇五）、沖種郎（一九二五―二〇〇五）、黒川紀章（一九三四―二〇〇七）をはじめ28人（連名での応募もあるから、正確にはもっと多い）が応募している。このコンペには511案の応募があり、8人が二次審査に進み、結局フィンランドの建築家ヴィルヨ・レヴェルの案が当選して実施されたが、日本の28案のいずれも二次審査の8案には選ばれなかったとはいえ、日本の建築家のパワーを示す機会であったろうし、日本の建築家が国際コンペに当選するのがあたりまえのようにもなった今日の状況の出発点ともなった。

一九五〇年代と六〇年代の日本の建築家たちは、活発に活動した。あたかも時は高度経済成長期であり、仕事のチャンスにも恵まれた。彼らはモダニズムの抑制的で不自由な規範を修正して、生き生きとした造形的産物をつくり出した。彼らは、梁の端部を垂木鼻のように見せたり、繊細な形と配置のブリーズ・ソレイユを見せたり、薄く突出する庇をつくったりして、日本の伝統的な造形の良さを鉄筋コンクリート造に組み込んだ。と同時に「縄文的」と称する彫塑的・情念的造形をも盛んにつくりだした。

そうした活気あふれる造形のあとをこれから見ていくわけであるが、この時代、建築のみならず映画、音楽など他の芸術ジャンルにおいても日本が国際的な評価を受けたという事実がある。それが、単なる偶然であるのか、あるいはなにか共通の時代背景があるのか、それを少し考えてから個々の建築の旅に出ることにしようと思う。

同時代の諸芸術と建築

一九五〇～六〇年代は、メタボリズムの活躍をはじめとして、日本の建築界も世界に発信し、広く世界に知られるようになってきたが、これは建築だけのことではない。映画・音楽・演劇、それに翻訳を通してではあるが文学においても国際的な評価を受けるようになっており、この時期は日本の戦後の芸術活動が非常に活発であった時代であった。建築はむしろ遅れをとったといえるかもしれない。

先頭を切ったのは、おそらく映画であろう。日本の映画は、一九五〇年代にヴェネツィア国際映画祭で主要な賞を相次いで受賞している。一九五一年に黒澤明(一九一〇―一九九八)の「羅生門」が金獅子賞、一九五二年に溝口健二(一八九八―一九五六)の「西鶴一代女」が監督賞、一九五三年に同じく溝口の「雨月物語」が銀獅子賞、一九五四年には溝口の「山椒大夫」と黒澤の「七人の侍」がいずれも銀獅子賞、一九五八年に稲垣浩(一九〇五―一九八〇)の「無法松の一生」が金獅子賞を受賞し、一九五四年のカンヌ映画祭では衣川貞之助(一八九六―一九八二)の「地獄門」がグランプリを受賞し、また「羅生門」は一九五一年のアカデミー賞の名誉賞も受賞している。こうした相次ぐ受賞は、日本の映画界の存在を世界に知らしめた。もちろん、これらは作品として評価されたわけではあるが、『無法松の一生』を除いていずれも背景となる舞台は日本の伝統的な文化で、サムライ・ゲイシャの紋切り型のエキゾチシズムも受賞にいくらか貢献したであろう。

同じことは、文学の翻訳にもいえる。やはり一九五〇年代に川端康成(一八九九―一九七二)や谷崎潤一郎(一八八六―一九六五)の小説がいくつか英訳されるが、翻訳されたものは伝統的な日本文化を色濃く漂わせたものばかりであった。川端の『伊豆の踊子』が一九五五年、『雪国』が一九五六年、『千羽鶴』が一九五九年、谷崎の『蓼食う虫』が一九五五年に、それぞれ英訳されているが、いずれも芸者、茶道、文楽といった伝統文化が話の舞台の骨格をなしている。ちなみに、川端の一九六八年のノーベル文学賞受賞は、とりわけ『千羽鶴』の評価の高さが貢献したとされ、川端自身もその受賞講演「美しい日本の私――その序説」で、『千羽鶴』と『雪国』に触れている。『千羽鶴』は茶道、陶器、風呂敷が重要な役割を演じており、西洋にとってはまさに異国情緒あふれるものであった。

音楽では、一九六七年の武満徹(一九三〇―一九九六)の「ノヴェンバー・ステップス」があまりにも名高い。これは琵琶や尺八という邦楽器による独奏を組み込んだオーケストラ曲であるが、その西洋と東洋の音楽の融合に世界は驚いたわけである。もっとも、同じ武満の一九五七年の邦楽器を使わない「弦楽のためのレクイエム」も、ストラヴィンスキーに称賛されるなどして、すでに外国の楽団でいくども演奏されてはいた。さらにはもっと古く、武満徹の国際的な評価に先駆けて、戦前から伊福部昭(一九一四―二〇〇六)や松平頼則(一九〇七―二〇〇一)の曲がすでに外国のオーケストラで演奏されていた。また、伊福部昭の一九五四年の「ゴジラ」の映画音楽もよく知られているが、武満徹も「不良少年」(一九六一年)、初めて琵琶を使った「切腹」(一九六二年)などたくさんの映画音楽を作曲しており、この頃の日本の映画と音楽はタイアップして、非常にすぐれた成果をつぎつぎに出していたことになる。

歌舞伎・能の伝統芸能もまた、このころ海外で公演をしている。歌舞伎は一九六〇年に米国3都市で公演をし、一九六五年にはヨーロッパ3都市で公演をした。能のほうは、それよりも早く、一九五四年にヴェネツィア国際演劇祭で上演、一九五七年にはパリ文化祭で上演している。ヴェネツィアでの上演は喜多流と観世流の合同公演であり、団長は喜多実(一九〇〇―一九八六)で、「昭和の世阿弥」とも称される観世寿夫(一九二五―一九七八)も参加している。観世寿夫は一九六二年には一年弱ではあるがフランス政府の給費で留学し、ジャン=ルイ・バローなどの演劇人と接触しており、日本においても他のジャンルの演劇人や音楽人と盛んに交流している。同様に先述の武満徹も、詩人や美術家や音楽家が集まった「実験工房」に参加しており、この頃の芸術家たちの盛んな交流が見られる。

一九五〇～六〇年代のこうした盛んな文化活動の背景をなすものは、米軍占領下および日米安保体制下での平和と高度経済成長であろうが、やはり一種の解放感によるものであったろう。人々は集い、交流し、外国にも発信した。エキゾチシズムもその戦略の一つではあったが、メタボリズムはその戦略とはまったく無縁である。また、建築と他の芸術との交流は、彫刻や壁画との共同を除いてあまり見られないようである。建築家は、むしろ現実の仕事に取り組んでいた。

おそらく、その仕事のピークが一九七〇年の大阪万博ということになるが、そこにはメタボリズムのメンバーをはじめ多くの建築家が関わった。武満徹も鉄鋼館の音楽をつくっている。万博の産物で結局今日に残されたのは、皮肉にもそのテーマ「人類の未来と調和」と最も関係のなさそうな岡本太郎(一九一一—一九九六)の「太陽の塔」であるが、「太陽の塔」には、岡本が当時刺激を受けていたメキシコの壁画や縄文の土器との関連もあるであろうし、メキシコの当時の建築にはブルータリズムの影響が及んでいるから、つまるところ「太陽の塔」もこうした一連の流れの産物だと見ることもできる。

なお、日本の文化を海外に広めることを目的にした組織として、国際文化振興会(現・国際交流基金)というものが戦前からあったが、一九五〇～六〇年代は予算も乏しく、あまり活発な活動はしていなかったようである。大がかりな準備が必要な能や歌舞伎の海外公演はこうした組織からのなんらかの補助金を得たであろうが、映画や音楽はそれを受けていないらしい。彼らの意気や大いによしである。日本側は「羅生門」をヴェネツィア国際映画祭に応募するつもりがなく、実際にそれを送ったのはイタリア人の実業家・学者ジュリアーナ・ストラミジョーリだったとされる。もっとも、彼女も戦前ではあるが国際文化振興会の奨学金で日本に留学している。

I

県庁舎・市庁舎・町役場

岡山県庁舎（一九五七年）

岡山県庁舎は、明治以来天神山にあった前の県庁舎が戦災で焼失したため、岡山城二の丸跡地の現在地に建てられた。本庁舎と議会議事堂の竣工は一九五七年で、隣県の一年先にできた広島県庁舎（設計は日建設計）と一年後にできた香川県庁舎（設計は丹下健三）のちょうどはざまにあり、それに取り壊された前の東京都庁舎（設計は丹下健三）もほぼ同時期に完成しており、それほど注目されはしなかったが無事今日まで使われ続け、まもなく耐震補強に入る予定とされる。

設計は、一九五三年に行われた四者による指名コンペで前川国男建築設計事務所が選ばれて実施。施工は竹中工務店。指名された四者は、前川と日建設計工務と佐藤武夫設計事務所（現・佐藤総合企画）と佐藤設計研究所で、審査委員は石川栄耀、今井兼次、岸田日出刀。佐藤設計研究所というのは、当時広島大学教授であった佐藤重夫の研究所。彼は岡山県の出身で広島大学教授になる前にしばらく岡山で設計事務所を開設していた。佐藤武夫が入れられているのは、彼が旧制岩国中学校の出身であることによるか、もしくは同じ早稲田大学出身の今井兼次の推挙によるものであろうか。なお、前の県庁舎があった天神山には、同じく前川国男建築設計事務所によって一九六二年に岡山県総合文化センター（現・天神山文化プラザ）が建てられている。

本庁舎は9階建て、地下1階、議会棟は3階建て、地下1階。高層の事務棟と低層の議会をバランスよく組み合わせるというタイプの一つのモデルとなる。4階以上はガラスのカーテンウォールで、スパンドレルには亀甲型に突出する形のスチールパネルが張ってあり、低層の外壁にはタイルが張ってある。この建物のピロティは3階分あり、ピロティ自体も華奢で、なんとなく間延びした感じがある。軽快感はあるものの力強さを欠く。当初、ピロティは2階分だったが、急遽3階分に変えられたことによるとされる。たしかにその説は説得的であるが、六十年を経た軽やかさも悪くはない。

外観上最も目立つのが、3階の高さで正面の中央からコの字型に突出する「空中回廊」と称する広大なデッキで、戦前の県庁舎のいかめしい車寄せに代わって、そこに人々が集まり憩う民主的なシンボル空間を目指したのであろう。ただし、実際にはあまり使われていないようである。その手摺りは穴あきブロックで、これは神奈川県立図書館・音楽堂(一九五四年)にすでに使われていたモチーフ。当初は、この「空中回廊」が正面近く(中央ではなくやや西寄り)。平面計画の結果ではあろうが左右対称は避けられている)に位置していたが、一九九一年に本庁舎東棟がまったく同じスタイルで増築されて規模は倍増しており、「空中回廊」はさらにずっと西寄りになり、本庁舎全体も長大なブロックを形成することとなった。しばしば展示室にも使われている吹き抜けの広大な空間の「県民室」も、この増築に際して改装されており、備前焼の陶器による壁画はこの際のものである。なお、一九七〇年に西庁舎が建てられ、一九八〇年に議会棟の新館が建てられている。

岡山県庁舎　正面外観。左端のほうは1991年の増築部分。

岡山県庁舎　「空中回廊」部分と正面外観。

岡山県庁舎　窓とスパンドレル細部。

香川県庁舎（一九五八年）

かつての香川県庁舎の本館。二〇〇〇年に新しい高層の本館ができてからは東館と呼ばれているこの建物は、日本の近代建築史上の一つのメルクマールと見なされている。ル・コルビュジエの理念を採用しながらも、より完璧で繊細でスキのない作品ができあがっており、日本独自の鉄筋コンクリート造の可能性を示した記念碑的作品ともいえる。いまもこの建物を見に来る見学者が、建築の学生や建築関係者だけではなく絶えないようで、県職員によるガイドツアーも実施されているようである。ただし、現在は耐震改修工事中でツアーは休止中。

それで、写真は後掲のようなものとなったが、かの名高い梁の細部の写真は撮ることができた。その梁の細部だが、まるで精巧な木造細工物のよう。灰色に塗装した木造建築のようにも見える。そういえば、学生時代に建物巡礼でここに来た時、意外に小さくて、モダンな寺の経蔵のようにも見えた。この小ささは、戦後まもなく別の場所に建てられた既存棟があって、それとの併用であったからという。寺院の庭のようにも見える南側の庭園も、寺院のようなイメージを助長した。この整然と並ぶ梁の幅はわずかに11センチほどらしく、大変な施工精度が要求されたことであろう。

このかつての本館は、一九五八年の竣工で、設計は特命で東京大学丹下健三計画研究室、施工は大林組。丹下を指名したのは香川県丸亀市出身の当時の知事、金子正則。同じく丸亀市で育った猪熊弦一郎が丹下を推挙したとされる。猪熊は、この香川県庁舎で陶板の壁画4面を担当している。考えて見れば、丹下も隣県、愛媛県今治市で育っており、まんざら四国と縁がなかったわけではない。なお、二〇〇〇年の本館も、その隣にある一九九六年竣工の警察本部庁舎も丹下健三・都市・建築設計研究所の設計になる。

この建物、一年前にできあがっていた同じ丹下健三設計の東京都庁舎とピロティ、センターコアの採用など、基本的なコンセプトは同じであったが、それをよりコンパクトにして繊細にしたものといえる。8階建ての高層棟の手前に3階建ての低層棟を配しており、高層棟は正方形のプランで、その中心にやはり正方形の階段、トイレ等のコア部分を置いている。やはり、四方対称の完璧なコンクリートの置物というイメージである。

香川県庁舎　耐震改修中の外観。垂木鼻のような梁端部。吹き寄せで梁が2本になっているところがある。

香川県庁舎　内部階段。
シンプルでごつい。

旭川市庁舎（一九五八年）

旭川市庁舎の竣工は一九五八年。鉄筋コンクリート造9階建て地下1階。当時、人口が二十万人弱であった旭川市には、十分な規模のモダンな市庁舎であった。設計は佐藤武夫設計事務所（現・佐藤総合計画）で、施工は戸田組（現・戸田建設）。佐藤武夫（一八九九―一九七二）は、最終的には岩国中学の卒業ではあるが、上川中学（現・旭川東高等学校）時代に旭川で2年ほど過ごしたこともあって、設計を依頼されたという。岡山県庁舎の指名コンペの無念が、ここでいくぶんかは報われたであろうか。なお、寒冷地の建物であるということもあってか、旭川市役所勤務の建築職職員が数人、佐藤武夫設計事務所に派遣されて実施設計業務に加わったとされる。

この建物、議会棟の屋根が曲面になっていることを除けば、きわめてシンプルで余計な付加物がまったくない。外観は、翌年に竣工した横浜市庁舎によく似ており、この時期のシンプルな市庁舎建築を代表するものの一つである。ただし、コンクリートの柱・梁の躯体の間の壁面には赤レンガが張ってある。色は暗赤色ではなくオレンジ色に近い明るい煉瓦色で、柱・梁のコンクリート色の間にあって外観を彩っている。中でも、東西の側面は赤レンガが目立つ。それでこの建物は、モダンな鉄筋コンクリート造でありながら、「赤レンガ市庁舎」として市民に親しまれているという。内装には、壁や腰壁などに木材もしくは木材風の合成材がたくさん使われており、暖かな雰囲気がつくりあげられている。とりわけ、市議会議場の壁はすべて木材風のもので覆われている。それから、階段室は、すべて廊下と仕切りで隔離されていて少し驚いた。寒冷地であるが故であろう。

さてこの建物、耐震性が不足しているとのことで、新しい市庁舎の建設計画が建てられるとともに、近い将来、取り壊しの運命にあるという。二〇一八年の市長選でも、この建物をどうするかが争点となったらしいが、方針は変わらないと聞く。実際に行ってみて、少しも古びた感じはしないから、正直もったいないという感じはする。

旭川市庁舎　外観。壁面は赤レンガ張り。左の屋根が曲面になっているところが議会棟。

旭川市庁舎　市議会議場内部。木部の仕上げが目立つ。

横浜市庁舎（一九五九年）

横浜市庁舎の竣工は一九五九年で、平沼亮三市長の時代。三年前の一九五六年に行われた創和建築設計、村野・森建築事務所、山下寿郎設計、前川国男建築設計、松田・平田設計の5者による指名コンペで、村野・森建築事務所が当選して実施された。創和建築設計は吉原慎一郎が主宰する横浜の設計事務所。審査員は中村順平、今井兼次、佐藤鑑、田中省吾市助役、津村峰男市会議長。施工も、大林・清水・竹中・大成・鹿島・戸田の建設会社6社による指名競争入札の結果、戸田組（現・戸田建設）が落札して実施された。村野・森建築事務所の村野藤吾（一八九一―一九八四）にとっても、横浜市庁舎ははじめて手がける大都市自治体の庁舎であった。

この建物、8階建て地下1階の高層行政棟と4階建ての低層議会棟とを、2階分吹き抜けの「市民広間」でつないだ釣り針型の矩形のプランをしている。左右非対称で、中央に立派な車寄せを設けた戦前型のモニュメンタルな玄関というものがない。少しも厳めしさがなく、やわらかな感じ。「横濱市廰」という梁に張ってある表札も非常に小さくて、ほとんど誰も気がつかない。と書くと、なんの変哲もないオフィスビルのように聞こえるかもしれないが、そこはやはり村野藤吾、容易には気づかない細かな造形的配慮がされている。まず、コンクリートの柱・梁の間の壁面には様々な色合いをもつ褐色の特製厚型タイルが張ってあり、そのタイルを張った壁面と、滑り出しの窓の部分と、バルコニーを設けて後退した壁面とが複雑に入れ混じり、単調ではない外観が構成されている。また、柱の太さは、2階分ごとに細くなっており、上層は軽快な感じとなっている。したがって、よく似た外観の旭川市庁舎よりも変化に富んだ外観がつくりだされており、もちろん規模も大きい。なお、「市民広間」の泰山タイルによる壁面レリーフは当時京都市立芸大教授であった辻晋堂の仕事で、議場の天井の石膏レリーフは宮城県出身の彫刻家須田晃山の仕事である。

現市庁舎は、横浜市庁舎としては7代目となるもののようであるが、歴代の市庁舎の存続期間が震災や戦災などでいずれも短命に終わったのに対して、最も使用期間が長い。2代目と4代目の市庁舎も現敷地に建てられており、しかもこの地は古くは「港町魚市場」が置かれた場所であり、横浜の食品流通の要でもあった。しかし、現在、新しい高層の市庁舎がほど遠からぬ別地に建設中で、この建物の存続も例によって危ぶまれている。なんらかの再活用の方法が講じられんことを願うばかりである。

横浜市庁舎　外観。2階の梁に小さな「横濱市廳」の文字が見える。

横浜市庁舎　内部「市民広間」。左側に壁画。奥の左側に市議会議場がある。

横浜市庁舎　市議会議場内部。独特の採光法。

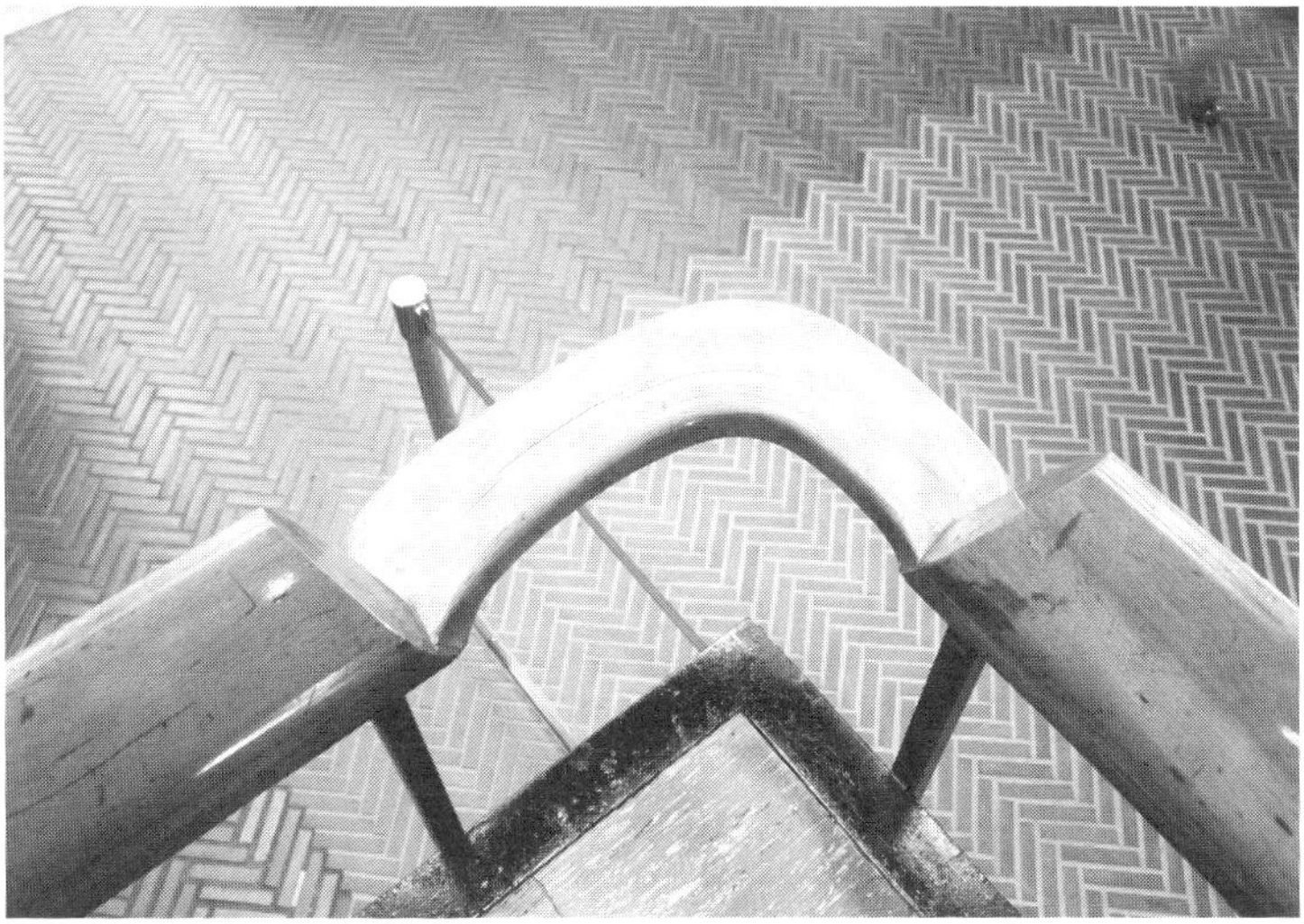

横浜市庁舎　「市民広間」踊り場の手摺り。一木ではない。

大多喜町役場（一九五九年）

今日の千葉県夷隅郡大多喜町は、一九五四年に旧・大多喜町ほか4村が合併してできたもので、それを期に新しい町役場庁舎が望まれてできあがったのがこの建物。一九五九年の竣工。設計は今井兼次（一八九五―一九八七）で、施工は大成建設。当時、早稲田大学教授であった今井は東京の出身で、大多喜町とはなんら関わりはないが、この仕事の依頼をとりもったのが、一九四一年に早稲田大学建築学科を卒業して、当時大多喜町の町会議員を務めていた中村茂だったという。

二〇一一年に、今日「本庁舎」と呼ばれる新庁舎（設計は千葉学建築計画事務所）が隣接して建てられた後も保存され、二〇一二年に壁の耐震補強を含むその保存修復工事が終了し、いまは「中庁舎」と呼ばれて使われ続けている。耐震性不足や老朽化を理由にスクラップ・アンド・ビルドが進むのが常態の日本では珍しい、見習うべき見本で、二〇一三年に「ユネスコアジア太平洋文化遺産保全賞」を受賞している。「ユネスコアジア太平洋文化遺産保全賞」は、二〇〇〇年から始められたユネスコの賞で、表題のようにアジア・太平洋地域の遺産の保全に功績のあったものに対して与えられる。応募制（もちろん世界遺産も応募制）で、5つのランクがあり（大多喜役場は真ん中のランクを受賞）、各ランクあわせて毎年10数件が受賞している。現在、事務局はタイのバンコクにあり、日本のものも横浜の赤煉瓦倉庫などいくつか受賞している。

斜面上に建っているので、1階は地下階とされ、主要階である2階が1階だともされるが、鉄筋コンクリート造2階建てで、平面図上ではまったくシンプルな箱型のモダニズムの建物。1階の南面の開口部も広大で、まさにモダニズムの成果。しかし、側面の壁には乱石が張ってあり、随所に大多喜町の歴史と関わりがあるとされ、時に有機的な独特の造形物も見られる。「ベルタワー」と称する塔や屋上の塔屋も、少しガウディ調もしくはコルビュジエ調でもあり、単純なモダニズムには終始しておらず、たえず発見の喜びを与えてくれる。今井兼次の真骨頂であろう。

正面入り口に張り出した異様に長い庇も印象的で、その下面には、近くを流れる夷隅《いすみ》川の蛇行を示すレリーフが見られる。また、その庇の一方の端は、随所に四角や星形の穴を穿った壁であり、しかもその壁には側面と同じ乱石が張ってある。

大多喜町役場　外観。異様に長い車寄せの庇。

大多喜町役場　会議室。
天井の装飾に注目。

鳴門市役所（一九六三年）

徳島県の鳴門市役所の竣工は一九六三年。隣接する市民会館のほうが早く出来上がっており、竣工は一九六一年。ともに設計は、増田友也（一九一四―一九八一）と京都大学増田研究室。施工は市役所が鹿島建設、市民会館が清水建設。

鳴門市には、増田友也設計の建物が19件もあり、しかもすべて現存しているという。概ね一九七〇年代の建物であるが、最初が市役所と市民会館で、遺作とも言うべきその最後の仕事が鳴門市文化会館（一九八二年、この内部は森田慶一が好んだペレ調に近い。一種の先祖返りか）。増田は鳴門市の出身ではなく、海峡の向こうの淡路の出身であるが、増田に多くの鳴門の仕事をもたらしたのは、京大法学部卒の弁護士出身で、七期二十八年にわたって鳴門市長を務めた谷光次（一九〇七―二〇〇二）だとされる。少し年齢は違うが、郷里が近い（江戸時代は淡路は徳島藩だった）京大同窓だったということになる。増田自身も、メモに自分の真の師として森田慶一と谷光次を記しているという。

鉄筋コンクリート造3階建て。難解な建築論でも知られる増田友也であるが、この鳴門市庁舎は比較的素直なモダニズムの建築。広大な開口部の窓割りと、鳴門の海の色であろうか、スパンドレルに張られた青色のパネルが印象的。この青い色は、鉄骨造の市民会館の構造材にも使われて両者の一体性を増している。少し特異なのは、市役所と市民会館とを2階レベルで鈎型をなして結ぶピロティで支えられた「空中廊下」で、この「空中廊下」から入る入り口のキャノピーはよく目立つV字型である。しかし、逆にこの「空中廊下」の存在の故であろうか、1階部分が暗くなっており、ATM機器ばかりが目立つ吹き溜まりのようになっていて残念。

この建物も、例によって建て替え問題に迫られており、議論中という。市のアンケートによると、市民も52パーセントがこの問題に関心がないとされるが、「未来の鳴門を考える市民会」が二〇一八年十一月につくられ、この問題が真剣に考えられているようである。前川国男の作品が8つしかない弘前でも「前川ワールド」を周知しようと努力がされており、19もの作品があって文字通り「増田ワールド」たる鳴門は、モダニズム建築の野外博物館たるにふさわしい。

鳴門市役所　正面入り口。V字型のキャノピーが目立つ。

鳴門市役所　「空中廊下」から見る外観。左にあるのが市民会館。

鳴門市民会館　外観。青い色のパネルは市役所と共通。

神奈川県庁新庁舎（一九六六年）

神奈川県庁舎としては、「キングの塔」で名高い一九二八年竣工の本庁舎があり、その隣に新たに建てられたこの庁舎は新庁舎と呼ばれる。その竣工は一九六六年。「会館知事」として知られる内山岩太郎神奈川県知事の最後の大仕事であった。設計は坂倉準三建築研究所で、施工は鹿島建設。内山岩太郎（一八九〇―一九七一）の最初の大仕事が、坂倉準三（一九〇一―一九六九）設計の神奈川県立近代美術館（一九五一年）で、最後がこれというのも不思議な縁ということになる。坂倉にとっても、これは晩年の大作で、竣工後三年で亡くなっている。なお、坂倉没後であるが、この建物の「キングの塔」の反対側に県庁第二分庁舎（一九九三年）が、やはり坂倉建築研究所の設計で建てられている。内山は、竣工祝賀会で、「この建物を悪く言う人があったらお目にかかりたい」と胸をはったという。

鉄骨鉄筋コンクリート造13階建て地下1階。塔屋が2階分あるから、合わせると15階建てに相当する高層県庁舎の最初期のものであった。ル・コルビュジエ風にコンクリートの躯体をはっきりと現わし、時にはそれを彫塑的に表現するのが、坂倉の通常のやり方であったが、ここでは珍しくコア部分を除いてすべて窓で、ファサードは特殊アルミ板のルーバーで覆われている。また、先述のコア部分と妻面には、全面的に青色を主調とした25色のタイルが張られている。その数120万枚。つまり、コンクリートが露出していないから、鉄骨造のようにも見える。もちろん、水平に設置されたルーバーの成（高さ）は高低3種類あり、決して単調には陥っていないが、やはりメカニカルでクールな感じはする。これは、ル・コルビュジエ風からミース風への転換か。しかし、考えて見れば、鎌倉の神奈川県立近代美術館（一九五一年）は鉄骨造であったし、隣に増築されたいまはなきその新館もまたまぎれもなく鉄骨造であった。あるいはまた、これもまたいまはなき東急文化会館（一九五七年）もすでに似たイメージを醸し出していたのである。

とはいえ、この神奈川県庁舎新庁舎は坂倉の作品としては一つのコンセプトだけで全体を押し切った数少ない作品で、まさにモダニズムの建物。冷ややかに過ぎる感じもないではないが、雑じり気のない強さを明確に示しており、強いインパクト性をもっている。すでに二〇一七年に、免震補強を兼ねた改修工事が終了している。

神奈川県庁新庁舎　外観。妻面およびコアの外壁はタイル張り。

神奈川県庁新庁舎　外壁面のブリーズ・ソレイユ。各パーツの成（高さ）が異なる。

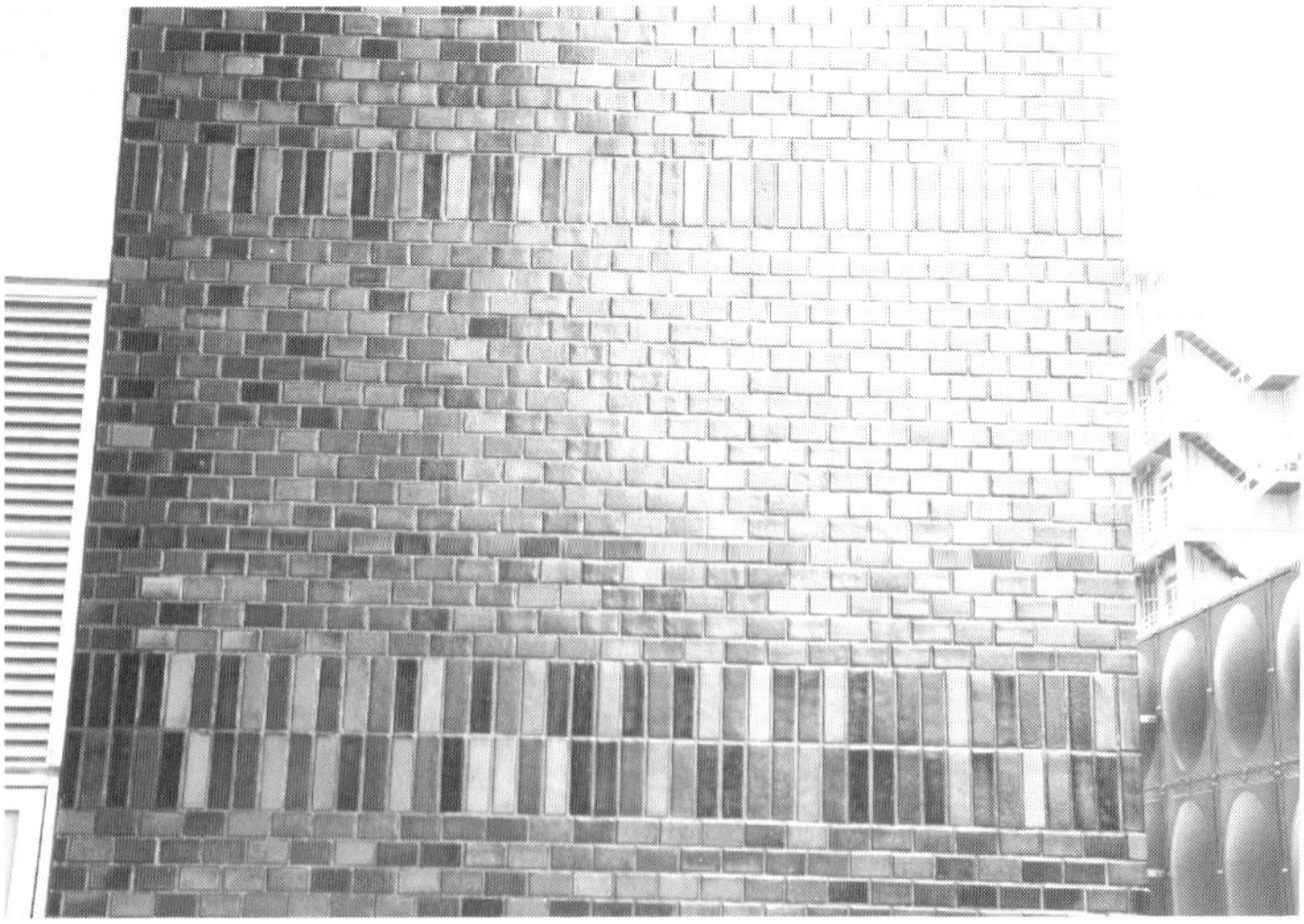

神奈川県庁新庁舎　妻面外壁のタイル。

寒河江市庁舎（一九六七年）

山形県の寒河江市庁舎の竣工は、一九六七年。設計は黒川紀章建築・都市設計事務所で、施工は地元の建設会社の高松木材（現・高木）と寒河江建設。同じ一九六七年に山形市に山形ハワイドリームランドが開業しているが、その設計も黒川紀章（一九三四―二〇〇七）。ドリームランドの施設はまさに細胞のような形をしていて、いかにも増殖可能な雰囲気であったが、わずか5年で閉鎖、施設もまもなく取り壊された。しかし、この市庁舎はまったく健在。二〇一四年にすでに免震工事を含む改修も行われている。

鉄筋コンクリート造の5階建てで、正方形の平面の3～5階が宙に浮いているように張り出している。それを支えているのが4本のコア・シャフトで、階段やトイレはそのコア・シャフトにある。その構造設計を行ったのが松井源吾（一九二〇―一九九六）。すべてに単純明快だが、コンクリート製の雨樋はガーゴイルを思わせる独特な形をしている。また、2階以上が吹き抜けになっている中央部分には、岡本太郎（一九一一―一九九六）の「生誕」というタイトルの金色の彫刻が吊り下げられており、その彫刻の部分と似た火の玉形のやはり金色のドアの把手も岡本太郎のデザインだとされる。若き黒川は、松井の技術の知恵と、岡本のパワーを借りて華々しくデビューを果たしたといえる。

もっとも、この寒河江市庁舎竣工前の一九六四年に、黒川はすでに同じ寒河江市内に日東食品（現・日東ベスト）の寒河江工場を完成させている。正方形ユニットを並べた屋根の工場であるが、これは健在のようである。当時の日東食品の社長が、建築メディアのみならず一般のメディアにも取り上げられていた黒川の記事に注目して、彼に仕事を依頼したという。その竣工式に出席していた当時の寒河江市長がその工場の建築を気に入って、寒河江市庁舎の設計を黒川に依頼したとされる。寒河江と山形は、地方の繁栄する未来を黒川に託したともみられる。高度成長期の明るい未来が夢見られた時代であった。

実際、この市庁舎をいま訪れても、その時代のエネルギーが感じられる。ある時代の夢とパワーを端的に示すモニュメントであることは間違いないが、同時にまたそうした単純に明るい時代が終わったという感慨を教えてくれる存在でもある。

寒河江市庁舎　外観。3階から上が跳び出している。

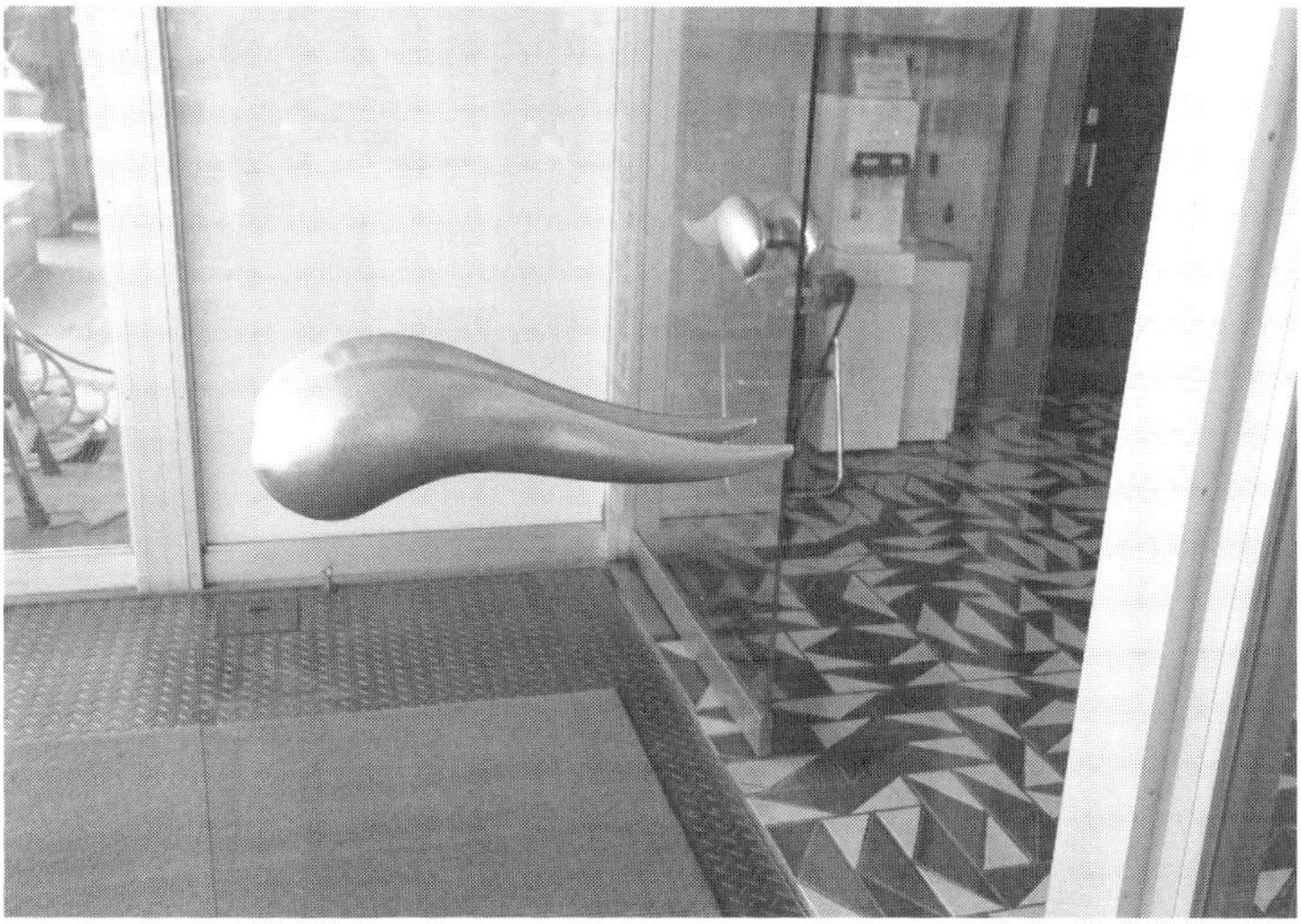

寒河江市庁舎　岡本太郎作のドアの把手。

寒河江市庁舎　雨樋と雨受け。

寒河江市庁舎　内部。吹抜きの部分。ぶら下がっているオブジェは岡本太郎作。

II 美術館・図書館・文化会館

旧・神奈川県立近代美術館鎌倉館本館（一九五一年）

一九五一年に建てられた旧・神奈川県立近代美術館鎌倉館本館は、二〇一六年三月に閉館して所有者が鶴岡八幡宮に変わり、同年に神奈川県の重要文化財に指定されて、現在、耐震工事を含む改修工事中である。一九六六年に増築された新館も取り壊されたが、日本の戦後建築を語る上で、この建物は欠かせないと思われるので、やはりここにとりあげる。この建物は、二〇一九年春に「鎌倉文華館　鶴岡ミュージアム」としてオープンの予定とされる。

設計は、坂倉準三、谷口吉郎、前川国男、山下寿郎、吉村順三の五者による指名コンペで勝った坂倉準三建築研究所。審査員は建築家の吉田五十八、日本画家の伊東深水、中村岳陵、山口蓬春、洋画家の木下孝則、小山敬三、佐藤敬、高間惣七、田辺至、安井曽太郎、美術史学者の村田良策、吉川逸治。施工は馬淵建設。一九六六年増築の新館の設計者も坂倉準三建築研究所であった。なお、一九八四年に同じ鎌倉の少し離れたところに別館（大高建築設計事務所の設計）が新築され、それが今日、鎌倉別館と呼ばれているものであり、二〇〇三年に葉山に建てられた葉山館（佐藤総合計画の設計）とともに神奈川県立近代美術館として存続している。

さてこの建物、鉄骨造の2階建て。主要階は2階で、1階よりもずっと広く張り出しており、展示室も2階。1階は大谷石積みであるが、2階は成形ボード張りで、窓がないにも関わらず、非常に軽やかな箱のような印象。戦後間もなくのまだ食べるだけで精一杯という時期に、そしてサンフランシスコ講和条約が結ばれてようやく占領状態から脱した時期に（実際、この施設の企画も講和条約締結を記念した事業の一環であった）、一九五二年創立の国立近代美術館（谷口吉郎設計のいまの建物は一九六九年竣工）に先駆けて建てられた公立で最初の近代美術館であった。「会館知事」内山岩太郎は文化こそが人々に自信と誇りを与えると信じてこの建物の建設に踏み切ったのである。それ以来、600回を超えるという企画展示会を通して人々に国内外を問わない近代の美術の精髄を知らしめてくれたのであるが、改修後の姿やいかに。

旧・神奈川県立近代美術館鎌倉館本館　2019年1月現在の池側（南側）の外観。
池から立ち上がった鉄骨で2階を支えている。

神奈川県立図書館・音楽堂（一九五四年）

前項の旧・神奈川県立近代美術館鎌倉館本館に次いで、「会館知事」内山岩太郎が投じた神奈川県の文化施設で、たぶんそのピークに当たり、戦後建築の一大記念碑ともいえる。竣工は一九五四年。設計は前川国男・坂倉準三・丹下健三・武基雄・吉原慎一郎の5人による指名コンペで、前川国男建築設計事務所に決定。図書館とコンサートホールをセットで求める、豊かな今日から考えれば性急な要望であった。審査員の中心は当時東大教授であった岸田日出刀と横浜国大教授であった佐藤鑑。施工は大成建設。

この建物が建つ敷地は、かつて神奈川奉行の戸部役所が置かれたところで、この建物の竣工はそこが一大文化センターになる事業の始まりであった。それ以降、県立青少年センター（一九六二年）、神奈川婦人会館（一九六五年）、県立青少年会館（一九六六年）、神奈川婦人会館分館（一九七二年）が、いずれも前川国男（一九〇五―一九八六）の設計で誕生、「前川リトルワールド」を形成していたのだが、県立青少年会館は二〇〇九年に取り壊された。また、すぐそばには横浜能楽堂（設計は大江建築アトリエ）が一九九六年に竣工している。

図書館は鉄筋コンクリート造（書庫内部は鉄骨造）の2階建て地下1階、音楽堂は鉄筋コンクリート造4階建て地下1階。柱・梁の構造と荷重を支えないスクリーンとしての壁という理念が追求されたとされる。そのスクリーンの一つが、テラコッタ焼の穴の開いたブロックで、これが音楽堂から図書館へと連続的に配されていて、この二つの施設が一体として同時に建てられたことをよく示している。穴の開いたブロックは風通しが良いように見えるし、開かれた感じがする。実際、図書館は自由に図書を選んで読める公開書架システムを採用しており、当時、「開け放しの自由閲覧制」として評されて好評を博したという。閲覧室の窓の外に縦に並ぶ日除け（ブリーズ・ソレイユ）は裾がピンのようなっていて、軽々と回転しそうな感じ。音楽堂にも緻密な音響効果の実験成果が生かされており、その音響の良さも注目された。ここには、当時のベストの建築の学と技術が投入されていると言えるであろう。音楽堂は現在、耐震工事を含む改修中で、図書館もいずれ改修されるという。

神奈川県立図書館・音楽堂　図書館の正面外観。穴あきブロックがファサードを飾る。

神奈川県立図書館・音楽堂　図書館の閲覧室側外観。ブリーズ・ソレイユが地面から離れているように見える。

神奈川県立図書館・音楽堂　音楽堂の正面外観。図書館は左のほうにある。

神奈川県立図書館・音楽堂　音楽堂の内部。柱は長円形の断面。

広島平和記念資料館本館（一九五五年）

広島平和記念資料館本館、いわゆるピースセンターは、日本の近代建築史における一つの画期であり、様々な意味において日本の戦後の記念碑であった。戦後の建物で最初に重要文化財に指定されたのも、この建物と後にとりあげる世界平和記念聖堂である。竣工は一九五五年であるが、その設計案の公開コンペが実施されたのは一九四九年で、140余点の応募案の中から丹下健三（一九一三―二〇〇五）らの案が一等を取り、実施に至っている。浅田孝、大谷幸夫、木村徳国の3名が丹下と連名で応募していた。丹下は当時東大助教授になったばかりで、他の3名も大学院生もしくは特別研究生であった。二等は山下寿郎建築事務所、三等は荒井龍三（横浜の創和建築事務所の所員）。審査員は、伊東五郎（建設省建築局長）、折下吉延（公園緑地協会理事）、田村剛（林学博士）、岸田日出刀（東大教授）、北村徳太郎（建設省施設課長）、南薫造（画家）、飯田一実（広島県土木部長）、伊藤豊（広島市商工会議所会頭）、任都栗司（広島市会議長）。審査員のメンバーから見ても、このコンペが広島のみにとどまらないものであったことがわかるであろう。サンフランシスコ平和条約締結前のことでもあった。造園関係者が入っているのは、このコンペが「広島市平和記念公園及び記念館設計懸賞」であって、公園の設計が重視されていたことによる。記念資料館本館の施工は大林組。なお、一九八九年に隣接して設けられた広島国際会議場も一九九四年に竣工した東館も丹下健三・都市・建築設計の設計。

公園の設計であるから、当然といえば当然ではあるが、川の向こうにある原爆ドームを軸線の目標にして計画にとりこんだのは、おそらく丹下案だけだったであろう。二等案も三等案も配置図に原爆ドームを描いているが、これは既存（もしくは復元）の施設ということで、重要な意味は持たされていない。丹下の応募案では、大きなアーチの向こうにドームが見えることになっていたが、実際につくられたやはり丹下の設計になる原爆死没者慰霊碑は小さなヴォールト（埴輪の家形とされる）となった。もちろん、それを通して原爆ドームが望めることには変わりはない。丹下は、旧制高校時代を広島で過ごし、一九四六年には戦災復興院嘱託として広島を調査しており、翌年には広島の復興計画案を市に提出していたという。丹下によるこの建物はなるべくしてなったとしか言いようがない。

華奢なピロティの上に載った完璧なプロポーション（と当時は思った）の箱は、整然としてまったくスキがなく、心動かされたが、半世紀ぶりに訪ねてみたところ、耐震工事を含む改修工事中であった。残念。改修工事終了は、二〇一九年の春の予定という。

広島平和記念資料館本館　慰霊碑を通して見る本館の外観。

広島平和記念資料館本館　外観細部。ブリーズ・ソレイユが一部吹寄せになっている。ブリーズ・ソレイユの塗装が剥げている。

広島平和記念資料館本館　ピロティの上部細部。一部に石が張ってある。

国際文化会館（一九五五年）

国際的な文化交流を目的とした公益財団法人である国際文化会館の設立は一九五二年。ロックフェラー財団など国内外の寄付を受けて、キーパーソン松本重治（一八九九―一九八九）の尽力によってたちあげられたとされる。現在の理事長は元・国連事務次長の明石康氏。建物が完成したのは一九五五年。

設計は、前川国男（一九〇五―一九八六）、坂倉準三（一九〇一―一九六九）、吉村順三（一九〇八―一九九七）の共同設計で、施工は清水建設。個性的なアトリエ系事務所3社による共同設計という珍しい形となったが、つまりは3社とも下りずに一緒にやることを選んだということであろう。3社から参加したスタッフたちは苦労したことであろう。しかし、それが幸いしたか災いだったか、それぞれがあまり個性を主張せず、穏やかに仕上がっている。どこが前川でどこが坂倉でどこが吉村かは、あまりわからない。しかし、強い統一感やパワーには欠ける。

とはいえ、国際的な文化交流という主旨の施設であるからして、この建物には日本的なモダニズム建築の探求という試みも見られる。とりわけ、庭園側の窓には木製サッシが多く、また宿泊施設には障子も使用されており、内装にも木製の家具調度が多い。ここの庭園は、かつてここが岩崎小弥太邸であった際のもので、小川治兵衛の作庭によるものという。庭園自体も近代とともに変わっていっているであろうが、モダニズムの建築が日本庭園と少しも違和感なく存在しており、モダニズムの建築は日本にこそふさわしいと思わせるほどである。

鉄筋コンクリート造（一部鉄骨造）3階建て、地下1階の建物で、高さが抑えられていたが、一九七六年に庭園側の隅に4階建ての建物が前川建築設計事務所の設計で増築されている。この施設は、宿泊・会議・レストラン・図書室等の機能を有しているが、需要の増大に応じたものであろう。建て替えが検討された時期もあったようだが、二〇〇五年には耐震工事を含む改修工事も実施され、健在である。会員になると料金に割引があるらしいが、会員でなくても誰でも宿泊・飲食に利用可能という。

国際文化会館　庭園側外観。外観としてはこちらの方がメインで、より開放的。

国際文化会館　庭園側の最も開放的な部屋の部分。

福島県教育会館（一九五六年）

福島県教育会館は、阿武隈川河岸にある一般社団法人の施設で、福島県教組の事務所があり、ホールとギャラリーといくつかの会議室がある。ここで施設の貸与事業や教育関連の出版事業が行われているという。戦前からあった前の会館が一九五三年に全焼した後に建てられ、竣工は一九五六年。県教組の組合員が給与の一割を拠金して建設費にあてたという。

設計は大高正人（一九二三―二〇一〇）と「ミド同人」で、施工は清水建設。「ミド同人」というのは、前川国男の設計事務所員によってつくられたグループの名で、「ミド」とはMayekawa Institute of Designの頭文字をとったＭＩＤのことである。当時、前川の事務所では、民主的な雇用スタイルが模索されていたらしく、たとえば所員がとってきた仕事などはその所員が担当し、「ミド同人」の名で発表することが許されていたらしい。教職員組合の建物が、設計組合を模索していたところで設計されたというのもぴったりの組合せといえる。ともあれ、福島教育会館の設計は、前川の事務所員であった大高正人が主として担当したということである。大高は福島県三春町の出身で、旧制の福島中学を出ており、地元出身の建築家であった。一九六二年に自らの事務所を設けた大高は、後に三春町歴史民俗資料館・自由民権記念館（一九八二年）、福島県立美術館（一九八四年）、三春交流館「まほら」（二〇〇三年）など福島にいくつかの仕事を残している。

鉄筋コンクリート造2階建てで、通常の柱・梁構造の事務所や会議室の部分に、ガタガタ折れ曲がった折板構造の壁をもつホール部分が1階と2階の梁でつなげられている。ガタガタの壁に事務所部分の梁が連続してつながっているのは面白い。折板構造のほうが経済的だから採用されたとされる。ホール部分の屋根は波打つシェル構造で、ここから見える吾妻・安達太良の山並みを表現しているというが、それにしては単純にすぎる。形態としてはホール部分ばかりが目立つが、事務所部分のほうもまた、整然と並んだ柱と梁、広い窓、ゆったりとした階段などに正統的なモダニズムの表現が見られるのである。

福島県教育会館　外観。左の屋根が波打っている部分がホール。

福島県教育会館　外観入り口。梁がホールの折板版を貫いている。

福島県教育会館　内部。玄関ホール。

国立西洋美術館本館（一九五九年）

国立西洋美術館本館の竣工は一九五九年。その基本設計がル・コルビュジエ（一八八七―一九六五）に託されることが決まったのは一九五五年一月のことで、同年の十一月に彼は来日している。チャンディガルへ行く前に立ち寄った感があるが、それでも8日間の滞在で、この西洋美術館の敷地には何度か来たらしい。翌年から翌々年にかけて彼の設計図面が送られてきたが、わずかに12枚だけだったらしく、1枚を除いて寸法が入っていないものだったという。実施設計は3人の日本人弟子に任せれば十分と、彼自身も考えていたのであろう。その実施設計を担当したのが、前川国男（一九〇五―一九八六）と坂倉準三（一九〇一―一九六九）と吉阪隆正（一九一七―一九八〇）。施工は清水建設。

一九五九年にできあがったものは、現在本館と呼ばれる正方形プランの箱だけだったが、ル・コルビュジエの案は、別棟の講堂や図書館や劇場を含む大がかりなものだったという。また、彼は無限に展開する美術館を構想していたらしく、現在はまったく使われていない正面右にある階段とテラスは本来は出口であるが、そこからさらに展開する新たな棟への連結部分でもあったという。やはり、正方形の箱だけでは手狭になったようで、一九七七年には前川建築設計事務所の設計で新館が建てられ、さらに一九九七年には企画展示室が増築されている。なお、本館は二〇〇七年には国の重要文化財に指定され、二〇一六年にはル・コルビュジエの他の16作品とともに世界遺産に登録されている。また、一九九八年には免震レトロフィットの工事がされており、免震部分を見る場所も設けられている。

鉄筋コンクリート造3階建て、地下1階。外壁はコンクリート打放しではなく、小さな緑色の石が埋め込まれたパネル状のものになっており、したがって目地がある。荒い石を張った壁を、ル・コルビュジエはすでにパリ大学都市のスイス館（一九三二年）などで使っているが、こうした細かな目地を切っているのはおそらく初めてのことであろうし、他の彼の仕事に比べても施工が繊細。柱も円柱できれいだが、そのすぐ奥の壁に作品が展示されているから少し邪魔。「19世紀ホール」と名付けられている1階の中央のホールは吹抜けで、そのきれいな円柱と、その上に載る交差する梁を見るための空間でもある。

国立西洋美術館本館　正面側外観。右側の2階のテラスは本来は出口だった。

国立西洋美術館本館　内部。展示室に柱が目立つ。

国立西洋美術館本館　内部、「19世紀ホール」。これ自体が展示品とも言える。

シルクセンター（一九五九年）

シルクセンター、正確にはシルクセンター国際貿易観光会館は、「生糸・絹織物を中心に横浜貿易の挽回」を期して建てられた施設で、主たる推進役はすでになんどか登場した岩山岩太郎神奈川県知事であるが、その建設は横浜開港百周年記念事業の一環でもあって、横浜市も積極的に参画している。現に、その敷地は由緒ある英一番館跡地（つまりはかつての外国人居留地の一番地で外国人貿易商社の橋頭保）で、当時は横浜市の所有であり、市はこの事業のために土地を無償譲渡している。ことが国の運命を左右する貿易であるから、国もこの事業に関与し、さらに絹業団体などの横浜財界が協力している。シルクセンターの上部は、当初はシルクホテルという名のホテルであったが、その社長は横浜商工会議所や神奈川商工会議所の会頭を務めた横浜財界の重鎮でホテルニューグランド会頭でもあった野村洋三であった。

竣工は一九五九年であるが、設計は一九五七年に行われた6社による指名コンペで坂倉建築設計事務所が勝って実施。敗れた5社は、松田・平田建築設計事務所、前川建築設計事務所、創和建築設計事務所、日建設計工務株式会社、久米建築設計事務所で、審査員は伊藤滋、今井兼次、蔵田周忠、佐藤鑑とされる。伊藤滋（一八九八－一九七一）は鉄道省出身の建築家で一九五一年から五二年まで日本建築学会会長であった。施工は鹿島建設。

鉄骨鉄筋コンクリート造9階建て、地下2階であるが、5階以上はぐんと小さくなっていて、4階までとは構造も意匠も異なる。4階以下には、この建物の主要施設であるシルク博物館と店舗が入っており、柱・梁構造のがっしりとした重厚なスタイルで、ゆったりとしたスペースや彫塑的な換気塔も見られる。それに対して、先述のシルクホテルが陣取った5階以上はわずかにスラブが見えるだけで、ほぼ全面がガラスのファサードで非常に軽快そう。4階以下の部分から浮かんでいるように見える。実際、このホテルの客室には柱がなく、当時は横浜で最も高い建物とされたから、広々した窓面から港の全景が望めた。そのホテルも一九八二年に閉鎖されたが、施設は「横浜シルクセンターＳＯＨＯ」としてベンチャー企業家たちに使われている。生糸貿易がすでに衰えつつあった時期に生糸貿易を推進するために建てられた矛盾した施設であるが、あらたな「生糸」を求める拠点ともなっているのである。

シルクセンター　正面外観。下層と上層の表現が異なる。

シルクセンター　2階部分外観。手摺りは国立西洋美術館とよく似ている。

大和文華館（一九六〇年）

大和文華館の竣工は一九六〇年であるが、財団法人「大和文華館」の設立はそれよりもずっと早く、戦後間もない一九四六年のことである。近畿日本鉄道創立50周年記念事業の一つとして当時の近鉄社長であった種田虎雄《おいだ》（一八八二―一九四八）の意志により、美術史家矢代幸雄（一八九〇―一九七五）が設立の準備を担ったという。その後、間もなく種田は亡くなっており、この建物の竣工時の社長は佐伯勇であったが、現在もこの美術館内のホールには種田の銅像が置かれている。

種田は日本の美術文化が敗戦日本の復興を支えると考えたのであろうか。近鉄は奈良・京都・伊勢といった史跡をつなぐ鉄道でもある。当時、矢代は日本交通公社の文化担当参与を務めており、彼を種田に結びつけたのは元の満鉄理事であった宇佐美寛爾（一八八四―一九五四）だとされる。発足時にこの財団には所蔵品がなかったらしく、それから十四年かけて収集したものを展示・研究する施設として設けられたのがこの施設で、所蔵品があってそれを保護するために設けられる通常の法人設立経緯とは違う珍しい例ということになる。ただし、収集活動と同時に研究活動は早くから行われていて、その研究成果は一九五一年から概ね年二回刊行されている「大和文華」という雑誌に発表されている。「大和文華」という名ではあるが、日本のみならず中国・朝鮮の美術品もたくさん収蔵されている。「文華」という文字がそれを表しているであろうし、「大和」は所在地と考えたほうがよいようである。

この建物の設計を託されたのが、吉田五十八建築研究室。吉田五十八（一八九四―一九七四）は「近代数寄屋」で名高く、和風の意匠をモダニズムの建築に組み込もうと奮闘した人である。この建物の少し前に上野の日本芸術院会館を設計しているが、これは残念ながらいつも閉まっている。大和文華館は鉄筋コンクリート造2階建て、地下1階で、施工は大林組。ファサードの腰壁は海鼠壁のような仕上げであるが、材料は瓦ではなく緑色のモザイクタイルである。あからさまな和風の表現ではあるが、ディテールは非常にモダン。池側の低いほうから見ると、ピロティがあり、こちらは文句なしにモダン。吉田設計の外務省飯倉公館・外交史料館もモダンではあるが、やはり独特な感覚を示している。

なお、大和文華館の入り口の手前に「文華ホール」と名付けられた建物があるが、これは奈良ホテル（一九〇九年）のラウンジを一九八五年に移築したものという。また大和文華館は二〇一〇年に耐震を含む改修工事が行われている。

大和文華館　正面外観。大規模な土蔵のよう。

大和文華館　海鼠壁風の外壁細部。張られているのは瓦ではなくモザイクタイル。

大和文華館　庭園側の外観。このピロティも高床の柱と見ることもできる。

憲政記念館（一九六〇年）

憲政記念館は、一九六〇年に竣工した尾崎記念会館を母体として一九七〇年に議会政治八十周年を記念して設立されたもので、新たな増築部分を加えて一九七二年に開館している。尾崎記念会館は「議会政治の父」と言われた尾崎行雄（一八五八―一九五四）の業績を記念するために一九五六年に設立された尾崎行雄記念財団によって建てられたもので、その建設資金は国会議員をはじめ多くの国民の寄付によったという。尾崎記念会館は完成と共に衆議院に寄贈されており、憲政記念館は衆議院の所管下にあるが、尾崎行雄記念財団も憲政記念館の中に存続しており、財団の会長は時の衆議員議長であるというから同じようなものであるが、一応、財団は独立した民間法人ということらしい。

さて、尾崎記念会館の設計は、それこそ民主的に二段階コンペに付され、一次審査で5名を選び、その5名による二次審査で海老原一郎建築設計事務所案が選ばれて実施された。施工は大成建設。二段階コンペは日本では最初だとされているが、審査員は堀口捨己、前川国男、松田軍平、村野藤吾、吉田五十八というバランスのとれた錚々たるメンバーであった。一次審査で選ばれた他の4人は、千原大五郎、柳英男、増田太郎、横山作三であった。海老原一郎（一九〇五―一九九〇）は、東京美術学校（現・東京芸大美術学部）の在学中から創宇社建築会に参加し、卒業後は石本建築事務所に勤務し、その後事務所を開いて自立している。後にJAA時代の日本建築家協会の会長も務めたが、建築家の社会性に依枯地なほどこだわった一家言あるいわゆる堅い建築家であった。尾崎記念会館の設計者としてはふさわしいかもしれない。彼の仕事としては東京・日本橋のDICビルがよく知られているが、それも数年前に取り壊された。

鉄筋コンクリート造2階建てで地下1階のこの建物も整然としていて堅く、軽いはずのモダニズムの建築がなんとなく重厚である。壁面には、表面の粗い白っぽい色の磁器タイルが貼られているが、それも石張りのようにも見える。外観としては、講堂の折板構造の屋根が目立つ。せっかくの南側も深いテラスによって暗くされている。ただし東側は全面ガラスで、中庭には開放的な池が設けられて、そこに尾崎行雄の全身像（朝倉文夫・作）が立っている。なお、少し離れたところに立っている三権分立の時計塔も海老原の設計で、そばには日本水準原点標庫もある。この記念館は誰でも入れるし、レストランもある。

憲政記念館　正面側外観。あまり窓がない。

憲政記念館　池をともなった中庭。正面にあるのが講堂。池の彫像は尾崎行雄像。

憲政記念館　外観細部。固くシャープな印象を与える。

東京文化会館（一九六一年）

東京文化会館は、JRの上野駅から上野公園に入る入り口に、向かいの国立西洋美術館と並んでゲートのようにして建っている。国ではなく東京都の施設で、「文化会館」という名ではあるが、端的には音楽ホール。その名は、一時は国際会議場やホテルをも併設と考えられたことの名残りであろうか。大小二つのホールに会議室や音楽資料室（昔、めぐり合えなかったLPをここで実際に聞くことができて感激した覚えがある）や、リハーサル室などを備える。竣工は一九六一年。設計は前川国男建築設計事務所で、施工は清水建設。前川国男（一九〇五―一九八六）のほぼすべてがここにあり、前川の作品の頂点に位置する。と共に、日本のモダニズム建築の金字塔でもある。前川のちょうど56歳の時の仕事であった。

この施設が発案されて竣工に至るには多少の紆余曲折（場所も最初からここに決まっていたわけではない）があり、9年の年数を要した。一九五二年十二月に、東京商工会議所会頭の藤山愛一郎（日本商工会議所会頭でもあった）より、東京都に「コンサートホールの建設に関する意見書」が出されたことが発端。首都東京にオペラやバレーもできる本格的なコンサートホールの誕生が望まれたのである。当時の都知事、安井誠一郎（一八九一―一九六二）がこれを受けて尽力し、一九五六年十月からはこの事業を「開都五百年記念事業」の一つに組み入れて本格化し、一九五九年一月の着工に至る。資金は、都、財界、放送界、一般の拠金があてられたという。設計が正式に前川国男設計事務所に決まったのは一九五七年七月のことで、建設委員会の中に設けられた選考委員会の協議によったらしいが、それ以前から、そしておそらくは早くから前川はこの企画に関わっていたらしい。竣工した時の都知事は東龍太郎であるが、一九六六年にこの会館の傍らに安井の胸像(北村西望・作)が東によって建立されている。胸像建立の趣旨は安井の功績全体によるものであるが、この文化会館もその大きな業績の一つと判断されたのであろう。

鉄筋コンクリート造4階建て、地下1階。折れ曲がって立ち上がる曲面の庇をもち、コンクリート打放し(後に塗装)の部分と小石を埋め込んだパネル張りの部分(国立西洋美術館と少し似ている)とがあり単調さを避け、屋上の塔屋や高いホールの屋根など、彫塑的な外観をも備えている。なお、大ホールの壁面の彫刻は向井良吉の、小ホールの壁面の彫刻は流政之の作品という。一九八四年に同じく前川の設計で新リハーサル棟が増築され(ほとんどが地下であまり外観上は目立たない)、一九九九年と二〇一四年に改装工事がされている。

東京文化会館　正面側外観。庇がダイナミックにめくれ上がる。

東京文化会館　背面側外観。左端にあるのが大ホール。その大きさがよくわかる。

東京文化会館　内部。大ホールの入り口部分。

大原美術館分館（一九六一年）

倉敷にある大原美術館本館の開館は一九三〇年のことであるが、倉敷紡績（クラボウ）や倉敷絹織（倉敷レイヨンを経てクラレ）総帥、大原孫三郎（一八八〇—一九四三）の指示によって画家児島虎次郎（一八八一—一九二九）が収集してきた西洋の作品と亡くなった児島自身の作品を中心に展示したのが始まりとされる。本館の設計は、岡山県出身の薬師寺主計（一八八四—一九六五）。孫三郎も戦前に亡くなったが、大原美術館の発展はその後も続いており、その後の収集活動は孫三郎の長男、大原総一郎（一九〇九—一九六八）の指示によるものであろう。彼自身も美術に造詣が深かったとされるが、初代の館長である武内潔真や二代目館長の藤田慎一郎が助言をしたものと思われる。そうして増加した収集品を展示するための分館が新築されたが、それがここにとりあげる建物である。

竣工は一九六一年で、設計は倉敷レイヨン営繕部。担当は浦辺鎮太郎と松村慶三。施工は藤木工務店。浦辺鎮太郎（一九〇九—一九九一）は岡山県粒江村（現・倉敷市）の出身で、当時は倉敷レイヨン営繕部にいた。一九六四年に倉敷レイヨンを辞めて自身の事務所をつくった後も、倉敷で多くの仕事をしており、「倉敷のデュドック」（デュドックはオランダの地方都市ヒルフェルスムの市の建築家となって市庁舎をはじめモダンかつローカリティーのある建築をたくさん設計した）とも呼ばれる。

鉄骨鉄筋コンクリート造平屋。倉敷伝統美観保護条例が公布されるのは、少し後の一九六八年のことであるが、それに先駆けてこの建物はモダニスティックな建物でありながら、伝統的な街並みに溶け込んでいる。とりわけ、背後の道路側から見ると、真ん中のラインに瓦が横一直線に張ってあり、伝統的な倉のようにも見える。しかし、ところどころに種石を埋め込んだ腰壁は曲面をなすように裾が張り出しているし、庇はコンクリートである。正面は、「新渓園」と名付けられた日本庭園を挟んで本館と向かい合うことになるが、玄関入り口部分にコンクリートによる独特の彫塑的な造形が見られる。そして一方の端部の屋根はうねるようなリインカーブの曲面である。展示されているものが主として日本の西洋絵画だからであろうか、内部はヴォールト天井で、やはり外からは想像できないダイナミックな造形を示している。つまりは、倉敷でしかありえないモダニズムの建物である。

大原美術館分館　正面側外観。ロダンやムーアの彫刻と倉のような外観との不思議な出会い。

大原美術館分館　入り口付近のコンクリート打放しによる造形。

大原美術館分館　道路側外観。一見、伝統的な民家風。

国立代々木競技場（一九六四年）

国立代々木競技場の竣工は一九六四年。もちろんオリンピックの開かれた年で、この施設もオリンピックのサブ会場として建てられた。「サブ」としたのは、一九五八年のアジア大会に際して設けられた国立競技場（設計は角田栄を中心とした建設省関東地方建設局営繕部）がメイン会場だったからである。一九六四年のオリンピックのわれわれの記憶もこの建物とともにあり、メイン会場だった国立競技場は、ほとんど顧慮されることもなく新国立競技場建設のために取り壊された。国立代々木競技場の建設は、その敷地に米軍施設があったことから手間取り、短期間に施工を終えなければならなかったとされ、誕生以前のことも半ば神話化されているが、なにはともあれ、この建物の登場は日本の近代建築史上、特記すべき出来事であった。この建物によって、日本の建築界は、意匠的にも構造技術的にも施工技術的にも最先端のものであることをきわめてシンボリックに示したからである。いまは耐震改修工事中で入れなかったが、昔見たときには口をあんぐりあげて声もでなかった。建築に関わりのある者にとって、ここは一種の聖地であろう。

設計は、「建設設計者選考委員会」の協議で、丹下健三・都市・建築設計研究所に決められた。構造は、すでにいくどもペアを組んでいた坪井善勝研究室。この施設は大小二つの体育館からなるが、大きい方の第一体育館の施工は清水建設、小さい方の第二体育館は大林組。第一体育館は鉄筋コンクリート造2階建て地下2階、第二体育館は地上1階地下1階。

この建物の内部には柱がなく、第一体育館は2本の、第二体育館は1本の巨大な柱から吊り下げられたメインケーブルによって屋根を支えている。第一体育館のメインケーブルは2本で、直径は33センチもあり、その中には細いワイヤーロープが何本も入っている。ケーブルは滑らかな懸垂曲線を描き、そこから吊り下げられる屋根も優雅な曲面を描き、壁もそれに応じて曲面をなしており、それに全体の形は単純な楕円形で終わらずに尖った先端部があるので、二匹の有機的生物が相互に向きをかえて動いているような感じがする。

実にダイナミックでシンボリック。まさにインターナショナルなモダニズムの成果であるが、そこにも日本性を見ようとする見方もある。そういえば、屋根の端部は鴟尾のようにも見え、そこから左右に斜めに出ている部材は千木のように見えなくもない。

国立代々木競技場　外観。屋根も壁も幾何学的にうねっている。

国立代々木競技場
観客席側の外観。

国立代々木競技場
外観細部。神社の千木のようでもある。

津山文化センター（一九六五年）

津山文化センターは、津山城跡の一隅に城の石垣を思わせる石積みの擁壁の上に建っている。「現代の城」ともされる所以である。竣工は一九六五年。建設費の三分の一が市民の寄付に依ったという市民待望の文化施設の誕生であった。

設計は川島建築設計研究所で施工は三井建設。川島建築設計研究所の主宰者、川島甲士（一九二五—二〇〇九）は早稲田大学の卒業で、郵政省建築部設計課などに勤務の後、独立。当時は芝浦工業大学助教授も務めていた。東京や長野に仕事を残しているが、どういうわけか宮崎に業績が多い。津山とはなんの縁もなさそうな川島が、なぜこの仕事を得たかはわからないが、当初は津山市が大手の設計事務所に頼んだが、市はその案が気に入らずに川島に依頼することになったとされる。中を取り持ったのがすでに川島と共に仕事をしていた地元の陶芸家だともされる。四十歳に満たない川島にこの仕事を託すのは、津山市にとっては少し冒険であったであろうが、結果は吉と出た。

鉄筋コンクリート造3階建て、地下1階で、平屋の展示室が別棟で設けられている。その展示室の長い方の壁面には、うねる波のような模様が刻まれているが、これは粟津潔の作品だという。

建物は、2階、3階、庇と順に迫り出してきており、つまりは逆ピラミッド形をしている。次項で述べる国立京都国際会館のコンペで当選はしなかったが、注目を浴びた菊竹清訓案に少し似ている。しかも、その迫り出した部分を支えているのは、梁の上に載った出三斗(社寺建築に見られる組物の斗栱の一種)である。これは、プレキャストコンクリートでできているらしく、あらかじめつくったコンクリート部材を現場で組み立てたという。これはあからさまな伝統的日本建築の意匠のコンクリートによる転用であるが、敷地が城跡だということも与っているかもしれない。この印象的な斗栱風持ち送りのほかにも、屋上やテラスの外階段などにもコンクリートによる彫塑的な表現がたくさん見られる。とはいえ、それらはそれほど目立たず、全体の逆ピラミッド形の矩形の中におさまっている。内部も、迫り出してくる梁がダイナミックな形を示しており、また変形タイルやモザイクタイルがたくさんさん使われていて目を引く。現在は、耐震補強工事のために休館中である。

津山文化センター　外観。まるでコンクリートの斗栱。右隅に写っているのが別棟の展示室。

津山文化センター　外観細部。様々なコンクリートによる造形が見られる。

国立京都国際会館（一九六六年）

国立京都国際会館の設計は公開コンペに付されたが、そのコンペはほぼ同時期に行われた国立劇場のコンペとともに建築界の注目を浴び、しかも当選案がほとんどそのまま実施されたという点でも理想的なコンペの例として知られている。その締め切りは一九六三年六月で、１９５点の応募があった。審査員は伊藤滋、佐藤武夫、丹下健三、東畑謙三、前川国男、松田軍平の建築界の人たちと、植村甲午郎、伊藤忠兵衛、大原総一郎の財界人、元・外務省事務次官の奥村勝蔵、そして京都市長の高山義三で、高山は初代の国立京都国際会館の館長を務めている。蛇足ながら、「シルクセンター」の項でも登場した伊藤滋（一八九八―一九七一）は都市計画家の伊藤滋氏とは別人。当選案は大谷幸夫と沖種郎の連名による「設計連合」で、優秀案が芦原義信、大高正人、菊竹清訓であった。大谷幸夫（一九二四―二〇一三）は、丹下研から出て一九六一年に「設計連合」をつくって自立していた時であり、一九六四年、つまりこの会館の竣工は一九六六年であるから、その実施設計中に東大助教授となっている。なお、コンペ応募時には連名であった沖種郎（一九二五―二〇〇五）であるが、実施設計者の中には入っていない。実施設計の段階で袂を分ったらしい。施工は大成建設。一九六六年竣工の部分をいまは本館と呼んでいるが、一九七三年に本館に増築が行われ、一九八五年にはイベントホールが、さらに一九九八年にはアネックスホールがいずれも大谷の設計で新築され、一大会議場コンプレックスとなっている。

本館は鉄骨鉄筋コンクリート造6階建て、地下1階、塔屋2階、宝ヶ池と高野川に挟まれた絶好の自然の中にある。その独特の形は、「海賊船」とも「稲懸け」とも「合掌造り」とも評されたが、図面から見ると家屋文鏡の図像にも似ている。「稲懸け」に似た形は、いまはなき菊竹清訓の出雲大社庁の舎(一九六三年)にも表われていて、その図面は京都国際会館コンペ応募時には、すでに雑誌に発表されていた。つまりは、同じころに、日本の若い建築家たちはなんらかの日本的な表現をモダニズムの建築に組み込もうと腐心していたということであろう。この建物には、工事費の2%程度を美術家との協力に使うことというルールがあったらしく、家具・調度、装飾品には剣持勇などデザイナーの作品がたくさん使われている。半世紀を経てなお少しも古びた感じはなく、国内外の人たちに活発に使われているようである。

国立京都国際会館　外観。左側の棟が1966年の創建当初のもので、右側が1973年の増築。

国立京都国際会館　外観細部。彫刻とのコラボレーション。

国立京都国際会館　内部。構造が内部にも表われている。

山梨文化会館（一九六六年）

山梨文化会館は、山梨日日新聞、その新聞を印刷する印刷会社の又新社《ゆうしん》（現・サンニチ印刷）、山梨放送3社の拠点として、一九六六年に建てられた。新陳代謝する建築と都市というメタボリズムの理念を、現実に視覚的なイメージとして示したものとしても名高い。設計は丹下健三・都市・建築設計研究所で施工は住友建設。

丹下健三はメタボリズムのメンバーではなかったが、メンバーの師匠格にあたり、一九六〇年の世界デザイン会議にも出席しており、その会議の中心的なメンバーの一人であった。丹下はまた、山梨文化会館の翌年に、東京銀座に静岡新聞・静岡放送東京支社（一九六七年）を完成させており、これはもっとメタボリズムの端的なイメージに近く、黒川紀章の中銀カプセルタワー（一九七二年）の先駆けをなすものである。なお、山梨日日新聞・山梨放送と静岡新聞・静岡放送とは友好関係にあるらしく、丹下は静岡新聞・静岡放送本社ビル（一九七〇年）も設計している。

鉄筋コンクリート造8階建てで、地下2階。直径5メートルの円柱シャフトが16本立ち、それが構造と移動・水回りの機能を兼ねている。つまり、シャフトの中は刳り抜かれており、階段は螺旋階段である。あとは床スラブと間仕切りだけで、シャフトのまわりにいくらでも増築が可能というわけである。それを示すように、16本のシャフトの一部は階数を超えていかにも増殖しそうに高くそびえており、実際、一九七四年には増築も行われているという。ただし、当初の区画を超えて左右に、8階を超えて上に増築されたわけではなく、当初から開いていたスペースを埋めたにすぎないようである。つまり、当初はいまのようにコンパクトに詰まっていなくて、あちこちに隙間があるもっと動的な外観をしていた。とはいえ、いまも4階の「屋上庭園」など、隙間はいくつかあるようである。

二〇一六年には免震レトロフィットによる耐震工事も終え、健在。甲府駅の北口開発の先駆けとなり、北口に藤村記念館(旧・睦沢学校校舎、国の重要文化財)が移築され、隣に山梨県立図書館ができる呼び水となったものと思われる。基本的には企業のビルであり、一部にしか入れないが、ホールやギャラリーでは公共的なイベントや展覧会もしばしば行われている。

山梨文化会館　外観。右端の5、6階が抜けている。

山梨文化会館　外観細部。すべてがコアにくっついている。たしかに増殖しそうな感じはする。

大崎市民会館（一九六六年）

宮城県大崎市にある大崎市民会館は一九六六年の竣工であるが、当初は古川市民会館であった。古川市が周辺のいくつかの町と合併して大崎市が誕生した二〇〇六年以降は、現名称となっている。大崎はこの辺を支配した大名の名に因むもので、この地方は昔から大崎地方と呼ばれており、その中心が古川市だったわけである。いまも古川が大崎市の中心であることにはかわりはない。

鉄筋コンクリート造2階建て。特異な構造と外観の建物で、設計は武基雄研究室、構造設計は谷資信研究室。両方とも早稲田大学の研究室で、武は当時早稲田大学の教授であった。施工は佐藤工業。武基雄（一九一〇－二〇〇五）は、一九四八年という戦後の早い時期の仙台市公会堂の公開コンペで当選し、それは一九五〇年に竣工したが、一九七三年に建て替えられた。このコンペで名をなした故か、武は鳴子温泉（現・大崎市内）の鳴子ホテル（一九六四年）も設計しており、あるいはこうした活動が古川公会堂の仕事につながったかもしれない。武は長崎市の出身で、長崎市や島原市など長崎県内や、住まいのあった鎌倉市内にいくつかの作品を残している。

さて、この建物、立面が三角の四隅のバットレス（支柱）で真ん中の凹四角形の屋根を吊っている。凹四角形の縦横は41メートルで、くしくもローマのパンテオンの直径と同じである。その広大なスパンを軽々と架け渡していると言うべきところだが、いかんせん四隅のバットレスが目立ちすぎる。バットレスの厚さはそれほどでもないのだが、三角形の下辺がいかにもごつい。航空写真で見ると、非常に美しい凹四角形が見られる。この屋根はシェル構造で、そのシェルを四隅のバットレスからワイヤーロープで吊っているということらしいがワイヤーは見えない。吊っているのだから当然と言えば当然だが、凹四角形の屋根は凹面になって真ん中に向かって沈んでいる。それで、雨はホールの真ん中の天井裏からとって外に流しているという。特殊な構造をそのまま見せただけの無機的な外観であるが、ホールの内部にはタイルや焼き物がたくさん使われている。ホールの最後部には、煉瓦ブロックを積んだ柱列も見られる。

大崎市民会館　外観。端の三角の支柱で真ん中の部分を吊っている。

大崎市民会館　外観細部。吊っている部分のディテール。

大崎市民会館　内部。ホールの最後部に積まれた煉瓦ブロック。

千葉県立中央図書館（一九六八年）

千葉県立中央図書館の竣工は一九六八年。設計は大高建築設計事務所で、施工は戸田建設。亥鼻城跡（亥鼻公園）の麓の緑地に建てられたが、当時、このあたり一帯には文化施設が次々と建てられていた。前年の一九六七年には、すぐそばに、同じく大高建築設計事務所の設計で千葉県文化会館（ホールのほかに聖賢堂という名の別館もある）が竣工し、同じ年に「千葉城」、こと千葉市立郷土博物館も建てられている。千葉県立中央図書館よりも千葉県文化会館のほうが先に竣工しており、文化会館のほうをとりあげるべきかとも思ったが、これは巨大な施設ではあるが、いかにも大味なのに対して、中央図書館のほうは細かな造形的工夫がされているので、これをとりあげた次第である。

鉄筋コンクリート造5階建て、地下2階。この建物は、ほとんどすべてプレキャストコンクリートでつくられているらしく、躯体が「オール・プレキャストコンクリート」によって建てられた建物の最初期の例だとされる。また、この建物の構造はあらかじめ定めたグリッドに則ってつくられており、「プレキャスト、プレグリッド」の建物ともされる。建物の工業化、プレファブ化はモダニズム建築のスローガンの一つでもあったから、これはその誠実な追及の結果ということなる。実際、この建物にはＶ字形の梁が縦横に整然と並んでいるのが見られる。しかし、かといって単純に規則的なだけでつまらないというのではなく、突出した部分や引っ込んでいる部分があちこちにあり、しばしば円形や部分的な円形の造形も挿入されている。現場打ち部分は、荒々しい仕上げとなっており、縦羽目板のように見える外壁も茶色に塗装されている。これは木材かと思ってよく見ると、やはりコンクリートのパネルであった。

一九七八年と一九八四年に増築が行われているが、一九八七年に県立の西部図書館ができ、一九九八年に東部図書館ができて、この図書館の位置づけが単純ではなくなっているらしい。それに最近、耐震性の不足も指摘されて、取り壊しも含む抜本的な解決策を協議中と聞く。現在、内部の中央部も間仕切りで囲みこむようにされており、見通しが悪く、残念ながら、活発に使われているようには見えない。

千葉県立中央図書館　正面入り口外観。グリッドに則りつつも、一見複雑な外観をつくり出している。

千葉県立中央図書館　外観。樹木に合わせて外壁を円弧形にしている。

千葉県立中央図書館　内部。V字型の梁があちこちに見える。

III 大学・学校

京都大学湯川記念館（一九五二年）

　京都大学湯川記念館は、湯川秀樹の一九四九年のノーベル物理学賞の受賞を記念して建てられたもので、その竣工は一九五二年。設計は京都大学教授であった森田慶一（一八九五―一九八三）で、施工はミラノ工務店。名称としては、京都大学基礎物理学研究所とほぼ同じと考えてよいようであるが、まず湯川記念館として建てられ、翌年にそれが基礎物理学研究所となり、その基礎物理学研究所が一九六〇年に増築され、さらに一九九五年に新研究棟も建てられたので、湯川記念館は基礎物理学研究所の旧館だけを指して呼ばれている。湯川秀樹自身も一九七〇年まで基礎物理学研究所の所長であった。その後、一九七九年に湯川記念館の中に、湯川秀樹と中間子理論の研究活動および成果に関する歴史的史料を収集保存した湯川記念館資料室が設けられている。二〇〇八年には耐震改修工事が行われている。この研究所は、京都大学の中にあるが、京都大学だけではない基礎物理学研究者の共同利用施設らしく、中に入ったら外国人研究者にもたくさん出会った。

　鉄筋コンクリート造3階建て、地下1階。正面はシンプルではあるが、整然とした左右対称の立面で、くっきりと柱、梁、庇に枠取られていてやや記念碑的。オーギュスト・ペレの作風を想起させる。唯一の日立つ造形的細部である三角形のクロストラ（プレキャストコンクリートの格子状透かしパネル）も、ペレがよく使ったものである。ペレ風の作品は、ペレ事務所にいたレイモン・メストラレが設計した関西日仏学館（一九三六年、実施設計は木子七郎）が近くにすでにあり、森田は「近代建築における古典主義」を最もよく体現した建築家として早くからペレに注目していた。分離派建築会の最初のメンバーでありながら独自の見解を有しており、京都大学の楽友会館（一九二五年）や農学部表門（一九二四年）ではやや表現派風でロマンティックな面を示していた森田が行きついた先が、モダニズムの古典と記念碑性、それにウィトルウィウスという文献の古典だったということであろうか。森田は一九六五年にも同様なスタイルで京都国立博物館新陳列館を完成させているが、これは湯川記念館よりもさらにシンプルでシビアなものであったが、二〇〇九年に取り壊された。

京都大学湯川記念館　正面外観。コーニス下端にクロストラが見える。

京都大学湯川記念館　外観細部。バルコニーがわずかに弧を描き、やはりクロストラがある。

京都大学湯川記念館　内部の階段。まったくシンプルで簡素。

八幡浜市立日土小学校（一九五八年）

日土《ひづち》小学校は、愛媛県西端部の「伊予の大阪」とも称された八幡浜市の市立小学校で、市の中心部から少し山側に入った山間の町の川沿いにある。周囲の山の斜面は一面のみかん畑で、うねうねと山際をはうようにして登る道路をしばしば車が走っていて印象的であった。この小学校の魅力の一つは、その立地の魅力であろう。

日土小学校には東・中・西と呼ばれる三つの校舎が一列につながって建っているが、そのうち中校舎が一九五六年の竣工で、東校舎が一九五八年の竣工。この二つはいずれも木造2階建てであるが、二〇一二年に国の重要文化財に指定されている。その前の二〇〇八年から二〇〇九年にかけて保存改修工事が行われている。

校舎の設計をしたのは、八幡浜市土木課建設係の松村正恒（一九一三―一九九三）。施工は、中校舎が浜上建設、東校舎が藤本次郎で、いずれも地元の建設業者であろう。松村正恒は、一九六〇年五月号の『文藝春秋』誌上の「建築家ベストテン」で、前川国男、丹下健三、村野藤吾、池辺陽、芦原義信、菊竹清訓、谷口吉郎、白井晟一、松村正恒、吉阪隆正という順に全身写真入りで掲載されて、地方自治体勤務の建築家としては異例の評価を得た人である。その写真のキャプションに「大正2年愛媛生　武蔵工専卒　八幡浜市役所に勤務　同市の学校・病院等を設計代表作に日土小学校　地方にあってたゆむことなく続けている地味な努力を買う」とあり、写真はまさに日土小学校で撮られたものであった。つまり、主として日土小学校が評価されて「ベストテン」に入ったことになる。「ベストテン」の審査員は生田勉、高山英華、斎藤寅郎、勝美勝、神代雄一郎、小川正隆、川添登で、生田と川添と、おそらく神代が松村を推したことがわかる。それ以前にも、内田祥哉氏がこの小学校を称賛していたことが知られている。

実は訪れて見るまでは、なにがそんなにすごいのか全然わからなかったのだが、行ってみて納得。機械的に教室を用意したというだけのものとはまったく違う。階段の踊り場や廊下に花などを置くためのスペースがいくつか予め設けてあるし、外観の写真で最も印象的だった川に張り出すバルコニーをもつ部屋は、図書室であった。川風に吹かれながら読書をするという得難い場所である。図書室の子供向けのスケールの椅子と机も松村の設計によるものだという。

八幡浜市立日土小学校　運動場側外観。右が中校舎で、左が東校舎。

八幡浜市立日土小学校　川側の外観。手前が東校舎で、奥が中校舎。

八幡浜市立日土小学校　外観細部。図書室のバルコニー。

八幡浜市立日土小学校　内部階段。踊り場の隅の三角のコーナーに花が置いてある。

明治大学和泉キャンパス第二校舎（一九六〇年）

東京都杉並区にある明治大学和泉キャンパスの始まりは、一九三四年の予科の駿河台からの移転である。もっとも、この地はすでに一九三〇年から学生たちの運動場として使われていたらしい。予科の名残りで、いまも主として文科系の1・2年生がここで学んでいるという。戦後の一九五〇年代後半から六〇年代前半にかけてつぎつぎと新しい校舎に建て替えられたが、その設計をしたのが一九四九年創立の明治大学工学部建築学科の創設メンバーであり後に工学部長も務めることになる堀口捨己（一八九五―一九八四）である。勤務先をしばしば変えた堀口であるが、明治大学には一九六五年の定年まで16年間も務めている。その間に、この第二校舎をはじめ、一九五〇年に開設された生田キャンパスの校舎群（一九六四年から六五年にかけて第二校舎の1〜4号館）が建てられた。堀口の教授招聘は、この二つのキャンパスの施設設計の依頼とセットになっていたものと思われる。

いまは大学の施設もつぎつぎと建て替えられており、和泉キャンパスで堀口設計の建物として知られているのが、一九六〇年竣工のこの第二校舎と第四校舎（一九五六年）。それにスタイルがよく似ているから、第三校舎もおそらく堀口設計で同時期に建てられたものであろう。第一校舎も図書館もすでに建て替えられたが、この第二校舎、第三校舎、第四校舎も間もなく建て替える方針とされる。その際、「堀口捨己イズム」が踏襲されて、第二校舎はよく似た外観のものとなるというが、その成果や如何。

さて、第二校舎だが、これは第三校舎や第四校舎よりも大きく、規模的には最大。施工は「三幸工業KK」とされている。八つの大教室を配した鉄筋コンクリート造4階建ての大規模な校舎で、まさにモダニズムの校舎。シンプルさきわまった感じで、味もそっけもないと言えなくもないが、なんとなく骨格が太くて雄大な感じはする。近づいてみるとその骨格の太さがよくわかる。それに外観のなによりもの特徴は、周囲に巡らわされた外廊下と斜路で、その突出に合わせて庇も力強く突き出している。いかにも力強いが、いまとなってはやはり冷たすぎるか。

明治大学和泉キャンパス第二校舎　正面外観。力強いスロープ。

明治大学和泉キャンパス第二校舎　内部。広々としているが少し殺風景。

九州工業大学記念講堂と旧・事務棟（一九六〇年）

北九州市戸畑区にある九州工業大学は一九〇九年に明治専門学校として創立を見た。九州の高等教育機関としては、一九〇六年に設立された熊本高等工業学校に次ぎ、一九一一年の九州帝国大学よりも先という歴史を誇る。当初は私立の工業専門学校であったが、一九二一年に官立の明治専門学校となり、一九四九年からは国立の九州工業大学となっている。そして、その正門と守衛所は創立時のものとされ、設計は辰野金吾だという。因みに、「技術に堪能なる士君子」の養成がこの大学の基本精神とされている。

その歴史ある大学の正門から入ったすぐのところに記念講堂がある。その名の通り、創立50周年を記念して建てられた講堂で、竣工は一九六〇年。設計は清家清（一九一八―二〇〇五）と清家研究室。清家は当時、東京工業大学の助教授であった。施工は大成建設。この講堂と同時にすぐそばに、同じく清家清の設計の建物である旧・事務棟が建てられたが、それは二〇〇八年に改修工事が行われ、現在は「鳳龍会館」と呼ばれるコミュニケーション・スペースとなっている。「鳳龍」とは、九州工業大学の校章に因むもので、校章の真ん中の図像が「龍に似て龍に非ず、鳳に似て鳳に非ず、正に之を超越せる霊体なり」とされることに基づく。

講堂は鉄筋コンクリート造の二階建てで、こぢんまりしている。そのプランは扇形で、入り口の方に向かって開いている。屋根は折板構造で扇形の軸と逆の方向に折れながらつながる。その折板は背面の壁にもつながっており、背面のファサードも折板である。目立つ折板の構造を除けば、概ねシンプルであるが、入り口ポーチの壁面には褐色の煉瓦風タイルが張ってあり、それはやはり煉瓦風タイルを張った旧・事務棟（平屋）の妻面の壁と呼応する。また、コンクリート打ち放しの壁面は、型枠を矩形ごとに縦横に組んだらしく、交互に縦横になった模様が見られる。もう一つ、外壁の一部がガラスブロックになっており、そのガラスブロックは台形のものを左右に目地でつないだもので、その不規則な目地が魅力的であった。二〇一六年に耐震改修工事を終えている。旧・事務棟も鉄筋コンクリート造の平屋で、非常にシンプルなミース風の建物である。やはり、ここにも台形のガラスブロックが見られ、上述の妻面のタイルとともに、講堂との連続性を示している。

九州工業大学記念講堂　外観。動的な屋根が背面の壁にまでつながっている。

九州工業大学旧・事務棟　外観。左の妻面と記念講堂が向き合っている。

九州工業大学記念講堂　外観細部。コンクリートの型枠が縦横になっている。

九州工業大学記念講堂　外観細部。目地でつながれたガラスブロック。

南山大学（一九六四年）

アントニン・レーモンド（一八八五―一九七六）の戦後の作品としては、群馬音楽センター（一九六一年）をとりあげるのが普通だとは思うが、群馬音楽センターはたしかに大作ではあるけれども細部が大味な感じがして、この南山大学をとりあげることにした。それに、南山大学には群馬音楽センターと底辺では通じる体育館もあるし、ユニークな造形の神言神学院も付属しているからである。

名古屋市昭和区にある南山大学が、五軒家町から山里町の現在地に移ったのが一九六四年で、この時点で中央棟（現・G棟）をはじめ主だった建物が完成している。施工は清水建設で、レーモンド建築設計事務所設計の建物の中では珍しくきれいな仕上げとなっている。その後も多くの建物が新築されているが、半世紀後の二〇一五年竣工のS棟に至るまで同じスタイルで建てられ続け、稀にみる統一感をもったキャンパスが形づくられている。施設は二〇一七年から二一年まで「レーモンド・リノベーション・プロジェクト」として改修工事が行われている。ついでながら、大学名は、五軒家町から現在地をも含む一帯の地名「南山《みなみやま》」から来ているらしいが、「南《なん》山《ざん》」と読む。

キャンパスを構成している建物は、ほとんどすべて柱・梁を見せ、ブリーズ・ソレイユ（日除け）を縦に配したオーソドックスな鉄筋コンクリート造であるが、スパンドレル等の壁が赤い色に塗られていて、それが水平につながり、水平に連続する窓と鮮やかな対比をなしている。この赤は、一部は塗装ではなく張られた煉瓦タイルによるところもある。この赤をレーモンドがこの土地の土の色に似せて決めたという神話然とした話があるが、これに似た色は群馬音楽センターの一部でも使われている。

そして、隣接する神言神学院。竣工は一九六六年。これは南山大学とは別組織のようだが、母体は同じようであり、設計ももちろんレーモンド建築設計事務所。マリ共和国ジェンネのモスクのようでもあり、南イタリアのアルベロベッロの建物のようでもあり、独特の形をしている。あまり、超越的でシンボリックな形は使わなかったレーモンドには珍しい。しかし、その独特の外観を除けば、シンプルなモダニズムの建築であることに変わりはない。

南山大学　中心部外観。スパンドレルの部分はすべて真っ赤に塗られている。

南山大学　中心部外観。通路をまたぐ建物。

南山大学　中心部外観。大教室のあるG30棟。

神言神学院　外観。ジェンネのモスクをモダンにした感じ。

大学セミナーハウス（一九六五年）

八王子にある主として大学の教員と学生のための合宿研修センターである。多摩丘陵の森林地帯に点々と配されたユニークなデザインの建物群からなる。「公益財団法人　大学セミナーハウス」が運営しているが、その設立趣意書に「大学という機構の外にあって、大学教育並びに大学相互の交流に協力する奉仕機関」とある。大学という名はついているが、いまは大学の教員・学生に限らず、広く様々な人々に用いられているという。合宿しなくても学問的な議論はできるだろうし、そのほうがむしろ変にベタベタしなくて望ましいとは思うが、共に寝泊まりして初めて伝わるという学問や思想の機微はあるだろう。ここで、それに触れた人は多いと思う。

できたのが一九六五年。大学のマスプロ化が言われ出し、大学闘争が盛んになり始めるころであった。設立に尽力したのが飯田宗一郎（一九一〇―二〇〇〇）で、東京女子大学の事務局長を経て、国際基督教大学（ＩＣＵ）の就職部長になり、この組織が発足後はその専務理事となり、一九七四年から八〇年まで館長も兼務していた。設立には多くの大学人や財界人が協力しているが、この施設の実現は彼の努力によるところが大きい。しかしまた、施設の設計をした吉阪隆正（一九一七―一九八〇）とＵ研究室（吉阪が代表を務める設計組織）の力もそのポピュラリティーを高めることに貢献しているであろう。開設当初の施設のみならず、それ以降の様々なスタイルの建物もU研究室の設計による。余談になるが、彼らの伊豆大島復興計画(一九六五年)の図面の力強さに驚いたことがある。

大学セミナーハウスの中でもユニークで、そのシンボルとなっているのが本館。ピラミッドを逆さにして地面に突き刺したような形をしている。鉄筋コンクリート造4階建てで、施工は清水建設。外壁はコンリートの打放しで荒々しい。日本におけるブルータリズムの代表のような作品で、まあ、この建物はこの外観ができただけでよしとせざるを得ないのかもしれない。採光も工夫されていて、不思議な場所に入り込んだ雰囲気にさせられる。学問は異世界に入ることだということか。吉阪は、この仕事の少し前の一九六二年に神田駿河台のアテネフランセを完成させているが、それのほうが優雅でまっとう。ただし、あちこちに造形の遊びが見られる。彼はウイットとユーモアにあふれたモダニストだったのであろう。

大学セミナーハウス　外観。窓の大きさも様々で台形のものもある。

大学セミナーハウス　内部の採光法。

大学セミナーハウス　入り口部分の外観。

愛知県立芸術大学（一九六六年）

愛知県立芸術大学は長久手市の森と湿原に囲まれた緑地の中にある。あの長久手古戦場跡地と愛・地球博記念公園のちょうど中間あたりにある。開校は一九六六年で、主要な施設はこの時までに建てられているが、その後も建設は進み、一九七〇年ころまでに一応のキャンパスの完成を見たようだ。そのキャンパスを設計したのが吉村順三（一九〇八—一九九七）で、当時吉村は東京芸術大学教授であった。愛知県からの依頼は吉村順三設計事務所ではなく東京芸術大学だったらしく、キャンパス計画には天野太郎など、実施設計には奥村昭雄などの当時の東京芸大の教員が関わっているという。施工は銭高組、大成建設、矢作組とされる。吉村順三はすでに国際文化会館で登場したが、東京美術学校を出てレーモンドの事務所に入り、その後一九四一年に吉村順三設計事務所を開設、一九四五年に東京美術学校（一九四九年から東京芸術大学）助教授、一九六二年からは教授を務めた人で、モダニズムにやわらかな和（日本性）を加味した建築家である。

愛知県立芸術大学のキャンパスは、先述のように起伏のある山林のなかにあるので、敷地に高低差があり、施設の配置はわかりにくく、迷子になりそうな感じ。配置図を見ると整然としていることは一応わかるのだが、高低差はあるし視界は緑に遮られ、あるいは主要な軸とは斜めになっている棟もいくつかあるので、各建物がまったく自由に置かれているようにも見える。豊かな自然の中で創造性を高めようという趣旨であろう。

そんな中で、キャンパスのシンボルとなっているのが講義棟。竣工は開学より一年早い一九六五年という。鉄筋コンクリート造の3階建てであるが、2階まではほとんどピロティなので、主たる階は3階ということになる。この建物は敷地のいちばん高いところに建っており、しかもいちばん高いところの講義室からは周囲が見渡せることであろう。長い矩形の建物で、長さが110メートルもある。屋根はヴォールト状になっていて弧を描いているし、ブリーズ・ソレイユは単純な矩形ではなく剃刀型で上のほうが広がっている。妻面には日本画家片岡球子の画によるレリーフがあり、ピロティの支柱には「直指天」という禅の言葉からとられたという書(美学・美術史学者である初代の学長上野直昭による)が見られ、やはりここでも和がモダニズムと融合しているのである。なお、ピロティの間には鉄骨も入っており、すでに耐震補強がされている。

愛知県立芸術大学　講義棟外観。妻面の壁画は片岡球子による。少し内に入った2階部分に「直指天」の書が見られる。

愛知県立芸術大学　講義棟外観。ブリーズ・ソレイユは剃刀型。

愛知県立芸術大学　講義棟のピロティ部分。

Ⅳ 事務所ビル

日本真珠会館（一九五二年）

日本の真珠の多くは神戸港から輸出されていたようで、兵庫県と関西真珠協同組合とが協力して日本の真珠取引の中心とするべく建てられたのが、この日本真珠会館。竣工は一九五二年。一九八〇年からは日本真珠輸出組合の所有となっているが、用途は創建以来、基本的には変わらず、いまも最上階の4階は真珠の入札会場である。二〇〇八年に1階に「神戸パールミュージアム」が設けられている。

鉄筋コンクリート造4階建て、地下1階。設計は兵庫県も関わっていたこともあってか、兵庫県営繕課。施工は竹中工務店。兵庫県営繕課において設計の中心となったのが光安義光（一九一九―一九九九）とされる。光安は京城生まれで、京城高等工業学校を経て一九四二年に東京工業大学を卒業後、間もなく兵庫県庁に入り、後に営繕課長となって現在の兵庫県庁本庁舎（一九六四年）の設計を指揮したとされる。兵庫県退職後は光安建築設計事務所を自営。

さて、このビル。六十年以上も同じ用途で同じたたずまいで建ち続けている。都心のオフィスビルはそれだけで貴重であるが、ましてあの阪神・淡路大震災を耐えたのだからさらに貴重。しかし、周囲には次々と高いビルが建ちつつあるようで、このビルの建て替えも議論され始めていると聞く。東と南が道路に面した角にある通常の矩形の建物で、あまり凹凸のない典型的なモダニズムのオフィスビル。と言いながら、よく見ると1階から2・3階が少し迫り出してきており、さらに4階は迫り出してきている。窓は各階とも広大だが連続せず、4階のみ連続窓。各階の薄い庇も水平に突出しており、1階は玄関の屋根も兼ねてより強く突出している。そして1階の壁には磨いた黒い石が張ってあり、2階以上には薄い青色のタイルが張ってある。そして妻面の隅の上下に連なる壁面は白いタイルである。しかし、それらはすべて平滑であり、全体として非常にシンプルでシャープ。中庭側にテラスも設けられており、魅力的な半屋外空間がつくられている。1階の窓の鉄格子のデザインも注目される。

日本真珠会館　外観。南面（左側）の4階だけが連続窓で張り出している。

日本真珠会館　入り口付近の外観。窓の鉄格子が斬新。

日本真珠会館　内部。屋外テラス。

NTT日比谷ビル（一九六一年）

千代田区内幸町にあるNTT日比谷ビルは、一九六一年に日比谷電電ビルとして竣工。一九九五年に本社が新宿に移るまでは、ここが日本電信電話公社の本社であり、電電公社本社は「内幸町」と呼ばれたという。現在はNTTコミュニケーションズの本社が置かれている。設計は日本電信電話公社施設局建築部で担当は国方秀男、施工は大林組。

鉄骨鉄筋コンクリート造9階建て、地下4階、塔屋は2階建て。およそ6000平方メートルの建築面積を有する大規模な建築で、周囲がくるりとバルコニーで取り囲まれている。まったく均一で破綻も遊びもなく、完璧といえば完璧。かといって退屈かといえばそうでもない。全体の形も非常にシャープ。バルコニーが連続する水平のラインを見せ、その上の手摺りの線とともにファサードを活気づけている。手摺りはステンレス製の縦横の正方形で構成される金網にすぎないが、その笠木は太く存在感がある。斜めから見ると、バルコニーの水平線とともにファサードの大きな視覚的ポイントとなって優に単調さをカバーしている。つまるところ、ガラス窓が下からはあまり見えないので、陰影と奥行き感が生まれ、目と眉の間が迫った美人のようにも見える。この建物に、光輝ある逓信省営繕の伝統を見ることもできるであろう。内部は少ししか見られなかったが、大きさが様々で非常に色合いがよい青い色のタイルが斜めに張ってあり、ディテールも行き届いている。単に合理的で厳格なだけではないのである。

設計を担当した国方秀男（一九一三―一九九三）は富山県出身で、一九四〇年の東大建築卒。逓信省に入り、一九四九年に逓信省が郵政省と電気通信省に分けられた際には電気通信省に移り、一九五二年にそれが日本電信電話公社となり、分離する形で一九六三年に日本総合建築事務所（現・日総建）が設立された際にはそちらに移り、後に社長となっている。要するに、一貫して電電関係の職場にいたことになる。しかし、日本総合建築事務所に移ってからは、様々な施設の設計をしているであろう。日本総合建築事務所設計の富山県立近代美術館（一九八一年）も国方の担当とされているが、新しく富山県美術館（設計は内藤廣）ができたあとは閉館。いずれ解体の予定とされる。

NTT日比谷ビル　整然とした外観。バルコニーの手摺りは単純な金網。

NTT日比谷ビル　内部の壁面。手前に写っているのが階段の手摺り。

日本財団ビル（一九六二年）

東京都港区赤坂にある日本財団ビルは、一九六二年にNCRビルとして竣工した。NCRは“National Cash Register”の頭文字をとったもので、「情報処理システム、通信システム、ソフトウェア等の製造、販売ならびにこれらに関するサービスの提供」を事業内容とする会社である。そのグローバル企業の日本法人の本社としてこのビルは建てられた。外堀通りほかの三つの通りに囲まれた三角地に建ち、どこからもよく目立つ。三角地であるが、ファサードは不等辺五角形となっており、どの面も同じ仕上げである。二〇〇〇年に公益社団法人日本財団が取得し、二〇〇一年にリニューアル工事が行われて現在に至る。内部は少ししか見られなかったが、きれいにリフォームされているようである。

設計はすでに二度とりあげている吉村順三設計事務所。施工は竹中工務店。吉村順三（一九〇八―一九九七）設計のオフィスビルとしては、他に青山タワービル（一九六九年）もよく知られており、どちらもシンプルでモダンではあるが、こちらの方がどの面も外にさらされているからか、緊張感がより高い。

鉄骨鉄筋コンクリート造8階建てで地下4階。1・2階とそれ以上の階とは異なったファサードとなっている。1・2階の柱は16角形の断面で石張り。このビルの特徴は、なんといっても3階以上で、いわゆるダブルスキンのカーテンウオールで囲まれている。ダブルスキンというのは二枚のガラスの間に空気を入れて断熱効果を高めた装置で、このビルはその使用の先駆けとされる。アーティスティックなイメージが強い吉村が、またテクノロジーにも意を用いていたことがわかる。ガラスは青い色であり、ガラスの上下のスパンドレルにはアルミの押し出し材を黒く着色したものが張ってある。アルミ材は細く上下に6枚張ってあり、細い目地が水平線を際立たせている。縦に走る窓のサッシも細くシャープで、サッシとスパンドレルの縦横の鋭い格闘がみものであろう。実際、このビルのカーテンウオールのディテールのシャープさには驚かされる。金属とガラスの工芸品のようで、まったく余計なものがない。リニューアル工事後に、外堀通りに面する3・4階に大型ビジョンのスクリーンが設けられており、活気は出てきたが、少し商業的にもなった。

日本財団ビル　外堀通り側の外観。スパンドレルの横線とサッシの縦線が鋭い対比をなす。

日本財団ビル　内部。柱は石張り。階段もシャープ。

紀伊國屋ビル（一九六四年）

紀伊國屋書店の新宿本店ビルの竣工は一九六四年。設計は前川建築設計事務所で、施工は間組。前川国男（一九〇五―一九八六）が紀伊國屋書店の建物を手がけるのはこれが初めてではなく二度目で、一九四七年に同じ場所に木造2階建ての店舗を建てている。これは小規模で質素な建物であったが、戦後モダニズム建築の始まりとして、ひいては戦後復興を継げるモニュメントとして、近代建築史上に名高い。写真で見ても、たしかに木造とは思えないモダニスティックな雰囲気を醸し出しており、2階の内部写真には柱が写っていない。

紀伊國屋書店が始められたのも現在地で、一九二七年のことであった。田辺茂一（一九〇五―一九八一）が紀州備長炭をあつかう「紀伊國屋」から展開させたものである。田辺茂一は経営者というよりも文化人として知られており、著書も多い。生没年を書いてみると前川国男と同年生まれであった。文化人であるからか、このビルの最上階はイベントホールであり、4階には紀伊國屋ホールが置かれていて書店だけのビルではない。ほかに画廊や飲食店や物販店も入っている。それに紀伊國屋は、一九三三年からすでに出版部ももっていた。このビルは長い間、日本で最大の広さの書籍店舗であったが、いまでは売り場面積がこれを超す店舗はいくつもあるようである。

しかし書籍小売業者としてはいまも最大という。

さて、このビル。鉄筋コンクリート造9階建て地下2階で、奥行きの長い敷地に建っている。したがって間口で見るよりも実際は広い。左右の袖壁は厚い褐色の打ち込みタイルで、同様なものはすでに神奈川県立青少年センター（一九六二年）などで使われていた。その両袖壁の間を先端がめくれあがったバルコニーの庇をもつ各階が整然と重なっている。このめくれあがった庇も東京文化会館（一九六一年）などですでに使われている。つまり、特段の新しいものはないのだが、ここには当時の前川の手法が一堂に会しているということである。古い世代にとっては、ここに行けばまず大抵の本は見られるという得難い場所であり、文化の香りを嗅がせてくれるありがたい場所であった。

紀伊國屋ビル　正面外観。書店の故か庇の曲面は少し固い感じがする。

紀伊國屋ビル　正面外観細部。めくれあがった各階の庇。

紀伊國屋ビル　左右の壁の重厚な打ち込みタイル。

パレスサイドビル（一九六六年）

パレスサイドビルの竣工は一九六六年。その名は、パレス（皇居）のそばにあることに因む。ここには、一九五一年竣工のレーモンド設計の建築史上名高いリーダーズダイジェスト東京支社ビルが建っていた。それを、毎日新聞社やリーダーズダイジェストなどが共同でこのビルに建て替えたわけである。前のリーダーズダイジェスト・ビルの寿命はわずか十数年だったことになる。一九八六年、雑誌の「リーダーズダイジェスト」の休刊と同時に同社もこのビルから撤退。名実ともに毎日新聞社のビルとなり、二〇〇五年からはこのビルの運営会社の社名も毎日ビルディングとなっている。

前のビルのことばかり書いたが、いまのビルも同様に建築史上名高い。奇跡のような仕事と言ってよいかもしれない。設計は日建設計で、施工は大林組と竹中工務店。日建設計にあってこれを担当したのが林昌二（一九二八—二〇一一）。一九五八年に東京工業大学を出て日建設計に入り、長い間そのチーフアーキテクトとして活躍した。考えて見れば、林がこれを担当したのは三十歳代半ばだったことになり、まさに奇跡のような作品といえる。ベテランの日建設計スタッフの力も注ぎ込まれているのであろう。

鉄骨鉄筋コンクリート造9階建て、地下6階で、塔屋が3階建て。長さが200メートルにも及ぶ巨大なビルである。平面図でいうと、細長い矩形が二つ少しずれて並んで、その内側の端に円形のコアが置かれていることになる。高さ50メートルの二つの円筒形のコアは白い塗装がされており、シンボリックな存在である。それから、両妻壁には煉瓦が積んであり、これが無味乾燥なモダニズムの建物ではないことを示している。といいつつ、ゆったりとした階段の手すりはステンレスの金網でアルミの踏み段板とともにモダンな軽快さを示している。

しかし、なんといってもほれぼれするのがこの建物のファサードのディテール。窓のサッシはアルミではなくスチールらしいが、外に突き出した水平のルーバーと縦に通る雨樋はアルミ製。横方向のルーバーと、縦方向の雨樋とそれにサッシと、雨樋の雨を受ける小さな球形の雨受けが、緊密なハーモニーをつくり出している。よく見ると雨樋は球形の雨受けの上で切れており、一種のリズムがつくりだされているのである。

パレスサイドビル　外観。白いコア部分がシンボリックな塔をなす。

パレスサイドビル　外観細部。雨樋と雨受けは微妙に離れている。

パレスサイドビル　内部。コアのトイレ部分。

百十四銀行本店（一九六六年）

百十四銀行は香川県高松市に本社を置く銀行で、一八七二年に制定された国立銀行条例にもとづいて設立されたいわゆる「ナンバー銀行」の一つ。したがって創立も古く一八七八年にまで遡る。合併を繰り返すのが常であった銀行が、当初の名前をそのまま残すのは珍しい。香川県のみならず瀬戸内海の各県で活動を行っているという。その本店のビルがこれで、建物は「百十四ビル」ともいう。竣工は一九六六年。設計は日建設計で、施工は竹中工務店。

日建設計でこれを担当したのが、薬袋公明《みないきみあき》（一九二六―二〇〇七）。一九五一年に早稲田大学を出て日建設計に入り、一九八三年に同社の社長にもなっている。パレスサイドビルを担当した林昌二とともに戦後の日建設計のリーダーであった。薬袋が大阪で、林が東京で活躍したが、日建設計の前身である長谷部竹腰建築事務所は出自が大阪であり、日建設計が名実ともに本社を東京に移すのも二〇〇四年のことであるから、薬袋のほうが本流にあったともいえる。

鉄骨鉄筋コンクリート造の16階建て、地下2階、塔屋3階。16階建てであるから、軒高が54メートルあり、当時西日本で最も高いビルであったとされている。16階建ての高層棟と道路を挟んで立つ3階建ての別棟とを3階部分の連絡路によってつないでいる。その連絡路は緑青仕上げのブロンズ板でくるまれており、しかも角が丸くなっているのでアルマジロのようである。張られた個々のブロンズ板は縦長の矩形で、多様な緑色を醸し出しており、メカニックな躯体に一種の有機性を与えている。

このブロンズ板は高層棟の妻面にも連続して張られており、この建物の主要道路側はこの妻面(西面)なので、結局、この建物の外観の印象を決定しているのは、このブロンズだということになる。しかも、二〇一三年の改修でダブルスキンのファサードになった際に、ガラスが緑色となり、南北のガラス面もブロンズのような色となったので、全体がブロンズで包まれているようにも見える。低層部分のルーバーも単純な矩形ではないし、壁部分にもルーバーの密な直線の並びにあわせて縦に溝が施されており、低層部分の造形にも意が払われている。

百十四銀行本店　外観。高層棟の道路側（西面）はブロンズ張りで、北面は全面ガラスだが、同じように見える。

百十四銀行本店　外観。高層棟と低層棟をつなぐ部分。

百十四銀行本店　外観細部。高層棟の低層部のブリーズ・ソレイユ。

霞が関ビル（一九六八年）

霞が関ビルは日本における最初の超高層ビルとしてあまりにも有名である。かつての超高層ビルもいまでは単に高層ビルとなってしまったが、それまで31メートルで抑えられていたビル群から一気に147メートルのビルが建ちあがったのだから、一九六八年のこのビルの竣工は、一種の社会的事件でもあった。高さのみならずこれまでにない容積で、東京ドームができるまでは霞が関ビルの容積が容積の大きさの単位となっていた。階数は36で、エレベーターも業務用も含めれば36ある。時は高度経済成長期の真っ盛りで、この年に日本はGNPが世界第二位となった。一九六一年度の特定街区制度の導入、一九六三年の容積地区制度の導入など、法律も超高層を許容する方向へと進んでいた。しかし地震大国日本である。超高層を建てるのは至難のことと考えられた。昭和初期以降なりを潜めていた柔構造がここで採用され、原理は五重塔と同じだという話に驚いたことがある。しかし、理論的に解明はできても実際につくるのはさらに難しい。施工法も新しい方法を考えなければならないであろう。

ということで、「霞が関ビル建設委員会」が立ち上げられたが、いろんな組織からいろんな人材が集まった。それで設計はこの委員会とされている。その中心となったのが、このビルの主たる施主の三井不動産と、山下寿郎設計事務所。「霞が関ビル建設委員会」の検討事項は外部にもオープンにされたようで、超高層ビル建設の技術が広く受け持たれることになったという。それが今日の林立する高層ビルを生み出すことになった。「霞が関ビル建設委員会」の様々な人材の知恵をとりまとめたのが郭茂林で、彼の名は霞が関ビルの成功で一躍知られるようになる。また、日本設計が山下寿郎設計事務所から分かれたのも、この霞が関ビルがきっかけだったという。やはり、このビルの誕生は建築の世界にとって大きなできごとであった。

施工は鹿島・三井建設共同企業体。平面図は中央をコアにした整然としたもので、外観も整然としてなんの変哲もない。当時は超高層を建てるだけで精一杯だったのかなと思ったが、いま見ても少しも古びていない。むしろ凝った形の方があきられやすいのかもしれない。二〇〇九年にリニューアルされ、低層部にも増築が行われ、まったく活発に使われ続けていると見える。

霞が関ビル　外観。妻面の真ん中が少し窪んでいるだけで整然としている。

霞が関ビル　外観。途中、少し変わった階に見えるのは13階で、ここは空調機器のフロア。

V 病院・ホテル・広場・住宅

ＪＣＨＯ横浜中央病院（一九六〇年）

このＪＣＨＯ横浜中央病院は、長い間「社会保険横浜中央病院」として知られてきた。二〇一四年に、厚生労働省所管の「独立行政法人　地域医療機能促進機能」（Japan Community Health care Organizationの頭文字をとってＪＣＨＯ）が、全国社会保険協会連合会などの病院や看護学校を管轄するために設立されて以降は、この名称となった。竣工は一九六〇年。鉄筋コンクリート造4階建てで地下1階。設計は山田守建築事務所で、施工は安藤建設。

山田守（一八九四―一九六六）は一九四五年に逓信省を辞め、自らの設計事務所を開いているので、一九五〇～六〇年代の作品はたいへん多い。まず、川崎市にあるのに東京都水道局の施設である長沢浄水場（一九五七年）をとりあげようかと思って行ってみて、なるほどと思ったが、中には入れなかったので、造形的にはよく似たこの病院建築をとりあげることにした。「よく似た」というのは、例のマッシュルームの形をした支柱があるからである。

病院というのは、医療技術の早い進歩に即座に対応していかなければならないから、つぎつぎに建てかえられる。ピカピカの施設のほうがいかにも清潔そうで患者に好まれもするだろう。しっとりとした味わいのある病院などというのは、療養所にしか似合わないであろう。そんな中にあって、この建物はずっと使われ続けており、たいへん貴重。もちろん、絶えず改修がおこなわれており、この建物のもつ元来のシンプルさ、清潔さも役にたっているのであろう。

病室は窓が広大で、余計なものがない。壁面には青みを帯びた白いモザイクタイルが張られていていかにも清潔そう。連続するバルコニーの両端は丸くなっており、建物の隅も丸くカーブしているので、やさしく優雅な感じがする。それにガラス窓に囲まれた階段室が屋上高くまで連続しており、開放感もある。そして例のマッシュルームである。これは、車寄せの庇を支えるためのものであるが、よく目立つ。建築関係者は、これを見て、「あっ、山田守だと」気づくそうである。長沢浄水場には何本もこれがあるが、これは1本だけ。しかし、柱頭の広がりは、こちらの方が大きそう。

JCHO横浜中央病院　外観。左右の突出部の階段室がモダン。

JCHO横浜中央病院　玄関の車寄せ。その庇も建物の隅も丸くなっており、柔らかな感じがする。

JCHO横浜中央病院　車寄せのマッシュルーム状支柱。

倉敷国際ホテル（一九六三年）

倉敷国際ホテルの創設者は大原総一郎だとされており、場所も大原美術館のすぐそばにある。大原が、大原美術館や倉敷の街並みを見るために訪れた人の倉敷らしい雰囲気のホテルの創設を望んだのであろう。和洋の混合した大きな蔵のような独特の外観をもつこのホテルは、やはり倉敷でしかありえない。なんどかのぞいてみたが、宿泊者のみならず地元の人にも活発に使われているように見受けられた。

設計は正確には倉敷レイヨン営繕部であろうが、当時その営繕部長であり、翌年の一九六四年に退社して倉敷建築事務所を設けた浦辺鎮太郎（一九〇九―一九九一）とするものが多い。浦辺の倉敷レイヨン時代の最後の仕事で、円熟期を迎えた浦辺の造形的工夫があちこちに見られる。なお、倉敷建築事務所が浦辺建築設計事務所となるのは一九六六年。施工は藤木工務店。

鉄筋コンクリート造5階建てで、地下1階。正面の中央が引っ込んでいて、訪問者は自然に入れるようになっている。独特の外観の最大の原因が、窓が小さく壁が大きいことで、その壁も各階が斜めになっている。それで蔵のようなイメージになるわけだが、おまけに各階の壁の下端には瓦タイルが張ってある。ただし、最近は薄い塗装がされているが、壁はもともとコンクリートの打放し。

浦辺の造形的工夫が横溢しているのが1階の外観。とりわけ腰壁の扱い。洗い出し仕上げ風の人造石とホンモノの石が組み合わされて不思議なハーモニーを奏でている。ホンモノの石にも単純ではあるが彫刻的な造形が施してあり、目をあきさせない。窓が小さいと書いたが、1階のレストランは全面ガラスで張り出している。モダニズムであり、伝統的な香りもありで、単純ではない。内装も床や壁の仕上げに様々な工夫がされており、「ウィークエンドハウスのような風格ある小規模ホテル」を望んだ大原総一郎の望みにかなったことであろう。そして、特筆されていいのが、1階吹き抜きロビーにある棟方志功の大きな「板画」である。これも大原の指示によって描かれたものらしいが、大原はずっと棟方の支援者であり、大原美術館には棟方志功版画室もある。

倉敷国際ホテル　ホテルとしては異様とも言えるユニークな外観。

倉敷国際ホテル　外観細部。クロス状のものは本石でその左右は擬石仕上げ。

倉敷国際ホテル　内部ロビー。右側、2段の壁画が棟方志功の「板画」。

東光園（一九六四年）

メタボリズムの鬼才、菊竹清訓（一九二八―二〇一一）の才気あふれる作品はたくさんあり、どれをとりあげてもよさそうなものであるが、モダニズムの日本化という点でも最も注目された出雲大社庁の舎（一九六三年）は二〇一六年についに取り壊されたようである。都城市民会館（一九六六年）もあるが、あれはあまりに奇矯でメタボリズムというよりもポストモダンに近い。というわけでこの東光園ということにした。

東光園は、鳥取県米子市の皆生《かいけ》温泉の東端部にある。一九三六年創業の皆生温泉の中では老舗に属する宿泊施設である。現在の建物は一九六四年の竣工で、その設計が菊竹清訓に託されたのも、前年に竣工した同じ山陰の出雲大社庁の舎が影響しているであろうか。施工は熊谷組。

鉄骨鉄筋コンクリート造の7階建てで地下1階、塔屋は1階。一応は矩形の外観ではあるが、やはりよく目立つ。まず、屋根の一部がシェル構造でシンボリック。そして、驚くべきは中間の4階が抜けていてなにもない。4階は、屋上というか、天井があるので吹放ちというか、屋外庭園となっている。樹木はないが、枯山水風庭園と見られなくもない。というわけで、5階以上は浮いているように見える。そうした特異な外観を支えているのが6組の主柱群で、その主柱群は

T字型に組まれた4本の柱を組み合わせたものである。柱群の間には太い梁がいくつか通り、梁が柱の中を抜けて通っているようで、まるで大規模木造建築の貫《ぬき》のような印象を与える。そうやって見ると、あのシェルの屋根も藁葺き屋根の形に見えるから不思議なものである。そのシェル構造の屋根から採光した最上階の部屋はレストランだったようだが、いまは使われていなかった。

この建物の真髄はやはりこの構造にあるだろうが、その柱は外部においても内部においても打放し。ただし、フルーティング(溝彫り)を思わせる突起がついていて、角柱ながらオーダー柱のようでもある。日本のオーダーをつくろうとしたか。この突起は、柱のみならず梁や壁や天井にもついていていて荒々しさを救っている。流政之のつくったという庭園に面した側は、この構造からは独立した部分で、ほぼ全面ガラスであり、非常に開放的で軽快。ガラスとサッシの精妙な組み合わせが堪能できる。

東光園　正面側外観。中間の階が抜けている。

東光園　庭園側外観。ほぼ全面がガラス張りであるが、左の階段室に独特の造形的細部が見られる。

東光園　玄関細部。柱表面の突起は梁下端部に連続する。

新宿駅西口広場（一九六七年）

新宿駅西口広場といえば、やはり一九六九年六月の反戦フォークゲリラであろう。毎週土曜日に多数の若者が集まって、時にはあの車の斜路にまで人が入り込んでいた。彼らは、ここを「解放広場」と呼んでいたが、とうとう機動隊が入って逮捕者まで出た。それ以降、ここは「西口広場」ではなく「西口通路」と名前を変えられ、いまは「イベントコーナー」という名前で呼ばれている。その前年一九六八年の国際反戦デー闘争（新宿騒乱）は東口のほらが主たる現場だったようだが、この頃は新宿駅には青年の熱気があふれていた。この広場を計画した人たちの目的は、ここに集まる膨大な車と人を効率よくさばくことであったろうが、「広場」と名付けたところからすれば、人々のよき集まりは期待していたのであろう。

この広場の実現には、もちろん多くの人と組織が関わっているであろうが、主たる設計者は坂倉準三建築研究所で、当時その所員であった東孝光（一九三三―二〇一五）が実施設計を担当したとされる。それに、事業主体の東京都首都整備局の局長であった山田正男（一九一三―一九九五）の働きも大きいとされる。坂倉準三（一九〇一―一九六九）による珍しく土木的・都市計画的な仕事であるが、坂倉はすでに一九五〇年代に東急会館や東急文化会館で鉄道駅をも含む渋谷駅前の計画をやっていた。この広場の竣工年は一九六七年。一九六六年ともされ、広場自体はその年に完成していたのであろうが、駅前の同じく坂倉準三建築研究所の設計による小田急百貨店の竣工が一九六七年なので、駅前全体が出来上がったのがこの一九六七年だということになる。施工は鹿島建設が主体とされる。

さて、この広場の造形的ポイントは車を地下のレベルに導く二重螺旋の斜路をもつロータリーであろうが、たしかにこれは優雅な曲線を描いている。同様に、円錐台形の二つの換気塔も優雅な局面を描いている。そして所々に樹木が植えられて潤いを与えている。樹木は一方の換気塔に巻き付き、換気塔の形をして伸びている。そして階段の手摺りや斜路の手摺り、それに換気塔自体にも褐色系の様々な色のタイルが張られ、温かみを与えている。手摺りの笠木も同様の役タイルが張られている。

新宿駅西口広場　二重螺旋を描く斜路。樹木とタイルの存在感が大きい。

新宿駅西口広場　換気塔。全面にタイルが張ってある。

新宿駅西口広場　斜路の下端部。ダイナミックであるが無機的。

坂出人工土地（一九六八年）

坂出人工土地は、香川県坂出市京町につくられた人工地盤上の住宅団地である。人工地盤の面積はおよそ1ヘクタールで、その上に1〜4階建ての市営住宅143戸が建設された。したがって、これを坂出市営京町団地ともいう。この地区は、かつては木造住宅が密集するスラム地区だったようで、それを一挙に取り除いて鉄筋コンクリートの住宅をつくろうとする計画であった。計画が始まったのが一九六二年で、人工土地を考え出したのは、当時、都市計画や観光計画で香川県と関わっていた浅田孝（一九二一―一九九〇）らしい。浅田を通じて大高正人（一九二三―二〇一〇）が登場し、設計は大高建築設計事務所がすることになる。工事は4期に分けられて行われ、第1期の工事が完成したのが一九六八年。施工は鴻池組。そして第4期の完成が一九八六年ということになる。この事業の主体は坂出市であるが、実験的試みということもあって国も多額の資金を出し、香川県も資金を出している。香川県にあってこれに関わったのが山本忠司（一九二三―一九九八）、そして坂出市でこれを担当したのが当時市の建設課長であった番正《ばんじょう》辰雄（一九一六―一九八九）。番正は坂出生まれで、名古屋高等工業（現・名古屋工業大学）を卒業して坂出市に就職、後に坂出市長を4期務めている。この人工土地の一画に坂出市民ホールがあるが、その前に番正の胸像が建てられている。彼にとっても、この事業は大きな仕事であった。その市民ホールの上にも住宅が階段状につくられていて壮観。いちばん上まで行って見たが、いまはあまり人が住んでいないようだ。

さて、人工地盤上の住宅であるが、個々の住戸は広くないようだがデザインもたいへんモダン。あちこちに低い樹木が植えられているし、下の地面から人工地盤を丸く刳り抜いてそびえる高木もある。建物も単調にならないように配置されており、新築時には夢の空中住居だったかもしれない。しかし、この実験都市開発は結局これだけに終わった。その原因は、人工土地の登記に手間取ったことなど様々に指摘されているが、そもそもなぜ人工地盤だったのだろう。「空中都市」を現実化したいという夢があったのだろうが、メタボリズムの新陳代謝と同じく、実際にはかなり難しかったということであろう。1階のカラオケから真っ昼間に老人らしき人の歌声が聞こえてきた時、なぜかジーンとするものがあった。

坂出人工土地　人工地盤上の住宅。半分より下の方は人工地盤の側面。

坂出人工土地　人工地盤上の住宅。低木は人工地盤上から生え、左隅の高木は実際の地面から生えている。

坂出人工土地　市民ホールの上の階段状の住宅。

旧・建部歯科医院（一九五三年）

戦後60年代までのモダニズムの住宅といえば、菊竹清訓の「スカイハウス」（一九五八年）や東孝光の「塔の家」（一九六六年）や清家清の「森博士の家」（一九五一年）などが考えられ、今回も訪れて見たが、住宅の中には入れないし（「スカイハウス」は見学会の時に入った）、やはりここにとりあげるのは憚られる。そこで、いまは住宅ではなくオフィスになっているこのもとの医院兼住宅をとりあげた。国の登録文化財にもなっているから、とりあげるのも許されるであろう。表示板によると、いまは建築会社と建築設計事務所のオフィスのようである。

さてこの建物、鳴門市役所でとりあげた増田友也（一九一四―一九八一）の設計になるものである。竣工は一九五三年で、施工は伸和建設。『伸和建設作品集』（1983年、伸和建設株式会社）によると「建部広守」邸は一九五四年の竣工となっている。一九五三年は登録文化財の「文化遺産オンライン」に基づくものであるが、それは設計年を指しているのかもしれない。当初は歯科医院系住宅であった。鉄筋コンクリート造の2階建てであるが、屋根は陸屋根ではなく片流れであるし、木造のようにも見える。しかし、確かに片流れの屋根を支えるコンクリートの梁ははっきりと見えるし、鉄筋コンクリートだからこそできる広大な窓ももっている。道路側の窓には縦のルーバーが密に並んでいる。内部にもここが医院であったことをしのばせる受付窓口を残している。そして中二階にあがる階段が非常に斬新。どういうわけか道路側のファサードが道路に対して並行ではなく少し斜めになって、角が少し引っ込んでいる形になっている。

これは増田が京都大学の講師になって間もなくの仕事であり、増田の最初期の建築作品であるが、あの難解な建築論で知られる建築家の仕事としてはごく当たり前のようである。実作と建築論とは容易につながらないのが常であるが、一九五一年に増田はすでに「交通空間の二、三の性質について」と題する論考を学会に発表していた。その一部が「しかしまた一方功用的機能の内部構造について考えると、そこに機能主体なり対象なりの状態的変化が考えられる。その状態的変化のうち空間的変化に関するものが、機能を空間的に成立せしめる骨格であるから、機能空間は、その機能における部面と部面相互間の空間的関係とで構成されていると考えられる。この空間的関係又は空間的状態変化というのは云わば機能の系統概念でおきかえることができる」なのである。

旧・建部歯科医院　外観。右面が正面入り口。左側のファサードにコンクリートの梁の端部が突き出している。

旧・建部歯科医院
正面外観。ファサードの側のほうが少し引っ込んでいる。

旧・建部歯科医院
内部階段。非常に軽快で斬新。

上小沢邸（一九五九年）

品川区上大崎にある上小沢邸《かみこざわ》は、広瀬鎌二（一九二二—二〇一二）の設計による一連の軽量鉄骨住宅の一つである。竣工は一九五九年。施工は渡部建設。もともとは住宅であるが、ごく最近まで「肉匠　上小沢邸」という名の焼肉を主とするレストランとして用いられていたが、二〇一八年末に閉店となり、まもなく取り壊されるという。もとの住宅の名を用い、料理の匠とも施設の匠ともどちらにも受け取れる「匠」という字を用いていることからも、施設自体が魅力としてとらえられていたことがわかる。竣工後いくどか改修が行われているようで、南側のテラスが非常に魅力的だったが、それは後の改修によるものらしい。しかし、それがぴったりするのもオリジナルがもっている力によるものであろう。

広瀬は「ＳＨシリーズ」（「ＳＨ」は「Steel House」であろう）と名付けた軽量鉄骨による実験住宅を一九五〇～六〇年代に70ほども発表している。実際に建てられなかったものもあるようだから、この70ほどという数字も様々で67とするのが多いようにも思える。この上小沢邸はそのシリーズのおそらく最盛期につくられたもので、翌年の「ＳＨ30」（一九六〇年）が規模的にもこのシリーズの代表作とされる。広瀬は武蔵高等工業学校（現・東京都市大学）を一九四二年に出て、いくつかの企業・設計事務所勤務を経て、一九五二年に広瀬鎌二建築技術研究所を設けている。一九六六年からは母校の教授を務めており、後には鉄骨から木材にシフトして「肆木《しもく》の家」というシリーズの木造住宅を発表している。

そんなに大きくない平屋の軽量鉄骨の家であるから、シリーズの住宅はほとんど同じかといえば、もちろんそうではない。敷地が違うし、敷地のどこに建物を置くかも重要である。それに鉄骨をどう組み合わせるか、とりわけ接続部をどうするかが重要だし、鉄骨の部材そのものも違う。鉄骨以外の材料、壁や間仕切りの材料であるガラスやブロックや煉瓦をどうするかも問われるから、やはり一つ一つ違う。広瀬は、それのあくなき探求を続けたのだが、「標準化」「単純化」「工業生産化」「規格化」というのはモダニズムの最大のスローガンであったから、広瀬は根っからのモダニストだったといえる。そして探求の根底にモダニズムの美意識が貫通しているからこそ、いまも多くの人々に注目されているのであろう。

上小沢邸　入り口側外観。門扉やガラスの障壁など違和感なく改修されている。

上小沢邸　庭側外観。前面の鉄板のテラスも後補のものらしいがぴったり。

Ⅵ 宗教施設

世界平和記念聖堂（一九五四年）

世界平和記念聖堂の通常の名前はカトリック幟町《のぼり》教会であるが、「世界最初の原子爆弾の犠牲となりし人々の追憶と慰霊のために、また万国民の友愛と平和のしるしとしてここに建てられたり」とこの聖堂の外壁に張られたプレートに刻まれているように、世界平和を祈念せんとしてこの聖堂は献堂された。竣工は一九五四年であるが、その設計案はずっと早い一九四八年にコンペに付された。戦後最初の大規模なコンペであり、賞金も高く、177案の応募があった。審査員は今井兼次、堀口捨己、村野藤吾、吉田鉄郎の建築家たちと教会側の神父3人（ドイツ人2人と日本人、ドイツ人神父の1人は建築家でもあったとされる）、それに朝日新聞（このコンペを後援していた）から1人が加わった。結果は1等なしで、2等が2案、3等が4案であった。2等受賞者は井上一典（一九一四―一九六六）と丹下健三（他に4人連名）で、3等受賞者には菊竹清訓や前川国男の名もある。井上一典は一九三七年の早稲田大学卒で当時は佐藤総合建築事務所員、丹下は東大助教授になったばかりであった。結局、このコンペの案はどれも実施されず、審査員でもあった村野藤吾（一八九一―一九八四）が設計することとなった。誰が見ても変な結末であるが、それを意識したのであろう、村野は設計料を受け取っていないという。施工は清水建設。

鉄筋コンクリート造3階建て、地下1階。内陣の上のトップライトを除けば、全体が直線的で曲面がなく、コンペの井上案に似ていなくもない。シェル構造のような丹下案を意識したか。端正な柱・梁の間の壁には荒いテクスチュアの煉瓦が張ってあり、しかも所々で突出して張られているからラフな感じがする。この手法(プロジェクションと呼ばれる)はすでに宇部市渡辺翁記念会館(一九三七年)で使われていた。内部の側廊と内陣を分ける半円アーチや天井の仕上げからして、総じてロマネスク様式の感じが強いが、もちろん村野独特の造形的細部がいくつも見られる。格狭間に少し似た楕円や、木爪《もっこう》に似た花模様も見られる。欄間のような開口部には、秘蹟(サクラメント)を刻んだ彫刻が見られる。これは円鍔勝三の作品という。二〇〇六年に、広島平和記念資料館とともに戦後の建物で初めての国の重要文化財となった。現在、耐震補強修理中である。

世界平和記念聖堂　正面外観。左の塔には花模様の開口部が見られる。

世界平和記念聖堂　内陣部外観。円と楕円をつなげた模様の開口部が見られる。

世界平和記念聖堂　内部、祭壇部。

日本二十六聖人記念聖堂（一九六二年）

正確には「日本二十六聖人記念聖堂　聖フィリッポ教会」と呼ばれる。竣工は一九六二年。二十六聖人の列聖100周年記念（彼らが処刑されたのは一五九七年であるが、列聖されたのは一八六二年）として建てられた。国宝の大浦天主堂も正式には「日本二十六聖殉教者天主堂」なので、「聖フィリッポ教会」の名が付け加えられている。「聖フィリッポ」はわずか24歳で処刑された二十六聖人の一人で、最初のメキシコ人殉教者として、その名が選ばれた。設計は今井兼次（一八九五―一九八七）で、施工は大成建設。

「聖フィリッポ」はメキシコ人であったが、当時のメキシコはスペイン植民地下であったし、二十六聖人の中にはスペイン人も4人、それにポルトガル人も1人含まれていたので、「スペインゆかりの地に立つ現代建築」というのがこの建築のテーマだったらしい。だからかどうかはわからないが、そびえたつ二つの塔はまったくのガウディ風。ただし、塔は少しだけだが、ギクシャクと折れ曲がっており、ガウディの塔のように真っ直ぐではない。スペインゆかりでなくとも、今井はガウディ風の塔を建てていたであろうが、塔のみならず、食器などの陶器の破片を張ったガウディ風のディテールがあちこちに見受けられる。ただし、壁はコンクリートの打ち放しで、屋根も独特な舟のような形だが、形自体は直線的でシャープ。だから、モダンはモダンなのだが、窓は十字形、六角形、菱形、四弁の花形、逆十字架形など様々で、やはり、今井独特の豊かな造形が見られるのである。

この教会に日本二十六聖人記念館という鉄筋コンクリート造3階建ての博物館が併置されている。竣工年は教会と同じで、設計も今井兼次。こちらのほうは、単純な縦のルーバーが密に並んだよりモダニズム風の建物であるが、それでも妻面にはガウディ風のモザイク仕上げが施されていて、教会堂との連続性が図られているし、スパンドレルにも同様なモザイクタイルが張ってある。さらには、階段の側面は乱石張りであり、腰壁は玉石張りである。1階も外壁面には菱形網の木製格子が付けられている。なお、この記念館の前面に、二十六人の聖人が横一列に並んだ舟越保武作の日本二十六聖人記念碑が立っている。

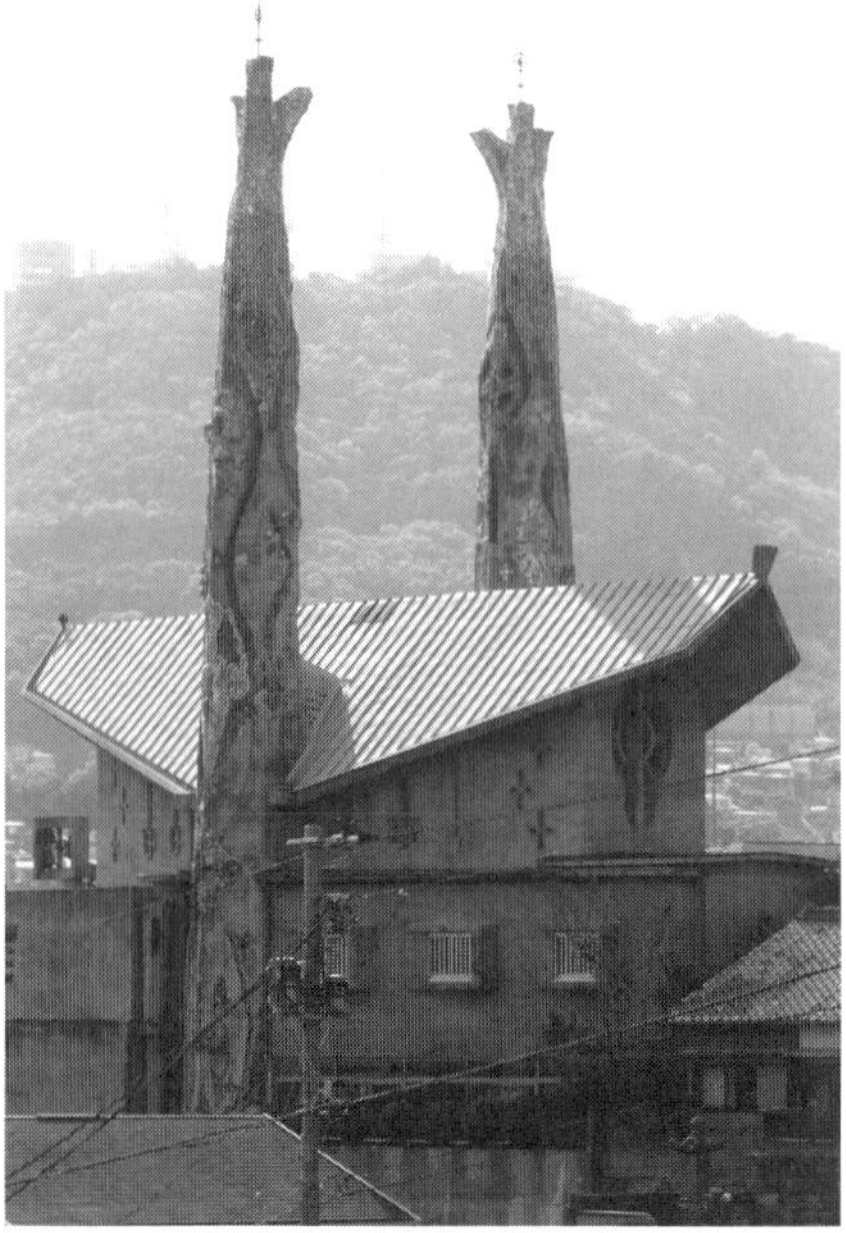

日本二十六聖人記念聖堂　外観。二つの塔を除けば基本的にはモダン。

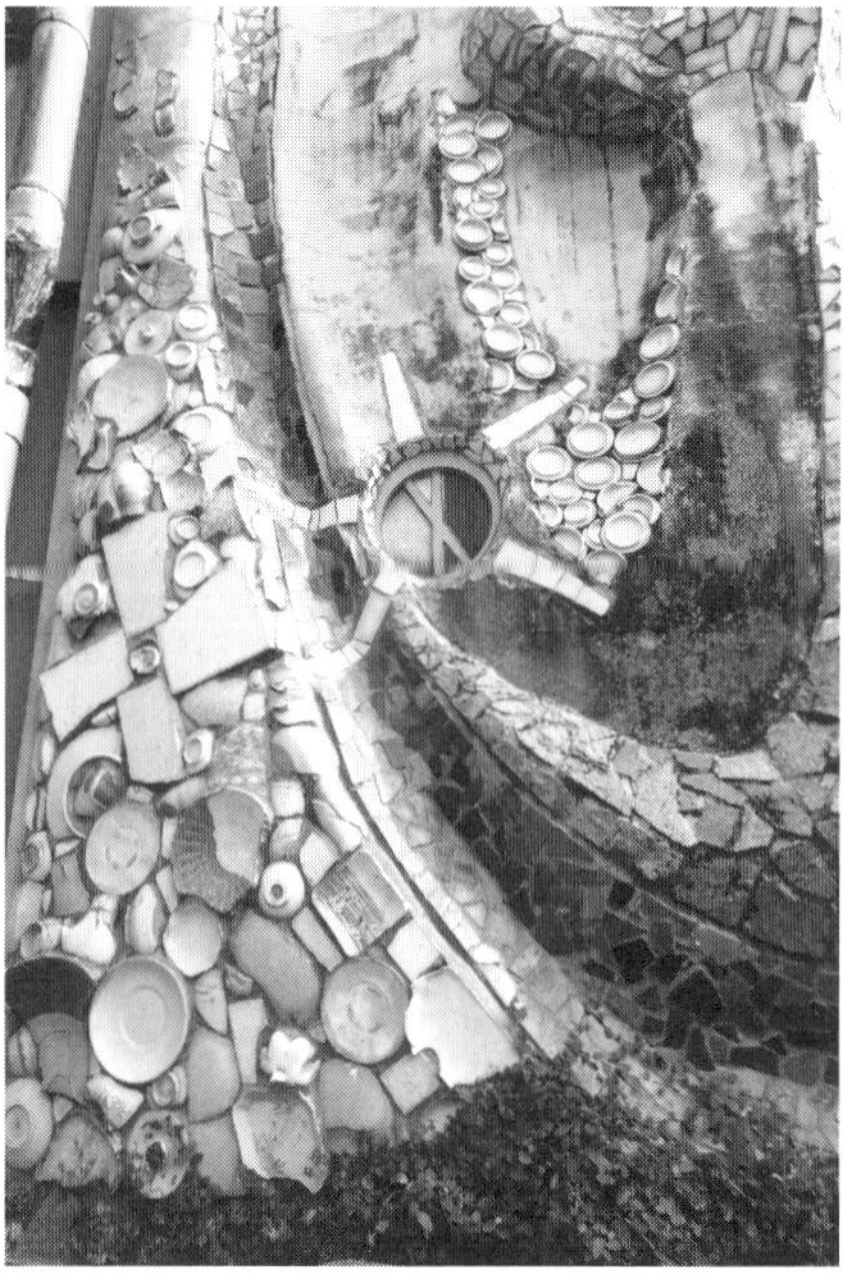

日本二十六聖人記念聖堂　細部外観。ガウディ風の仕上げ。

日本二十六聖人記念聖堂　内部。様々な形の窓が見られる。

日本二十六聖人記念館　外観。柱の中間部に斗栱のような造形が見られる。

東京カテドラル聖マリア大聖堂（一九六四年）

東京カテドラル聖マリア大聖堂の竣工は一九六四年。所在地の名前をとって東京カテドラル関口教会とも呼ばれる。東京、大阪、長崎と日本に三つしかないカテドラルの一つ。設計は指名コンペに付されたが、指名されたのが丹下健三、前川国男、谷口吉郎の3人。審査員は今井兼次、杉山英男、吉武泰水に、ドイツから来たウィルヘルム・シュロンプスという人と3人の神父。杉山と吉武はともに東大教授で、シュロンプスはケルンの教会建築専門の建築家という。ケルン教区の寄付によって、この大聖堂の建設が可能になったが故に彼がやってきたとされる。そして丹下健三（一九一三—二〇〇五）が当選。当選案はそのまま実施された。施工は大成建設。二〇〇七年に、同じ大成建設によって改修工事が修了しており、いまも少しも古びたところがない。この教会のホームページの主任司祭挨拶に「ここ東京カテドラル聖マリア大聖堂にいらっしゃる方が、増えています…大学で建築を勉強している方々も少なくありません」とあることからわかるように、ここもまた一つの建築学習の聖地となっているのであろう。

鉄筋コンクリート造1階（一部に2階、3階がある）、地下1階。プランは変形の菱形で、その対角線が十字架。つまり上から見ると、あるいはそこから採光されているので中から見上げても、十字架。それを単純に8枚のHPシェル（双曲放物線外殻）で囲っている。

こういうと簡単そうに見えるが、もちろん簡単ではないだろう。構造設計は、例によって坪井善勝研究室。シェルの表面の仕上げはステンレスだが、凸型の鋼材と凹材の鋼材が細いピッチで繰り返されて張られており、細い線が無数に見られる。それがキラキラと輝いているのは、やはりすばらしい。巨大な金属製容器のようなものだが、大聖堂にふさわしいかどうか。中に入っても、身廊とか側廊とか内陣とかいう概念が消し飛ぶので面くらう。しかも、内壁はコンクリートの打ち放し。一見、殺伐とした内部空間に見えるが、シェル構造の隙間の明り取りが正面に真っ直ぐに立ち上がり、それが天井を廻って十字に交差するところを眺めて、やはり一種の崇高感にとらわれる。最もすぐれた技術と芸術が生み出した最もモダンな宗教的空間の顕現である。

東京カテドラル聖マリア大聖堂　外観。完璧な造形と完璧な施工。

東京カテドラル聖マリア大聖堂　外観細部。建物と言うよりも金属の工芸品。

東京カテドラル聖マリア大聖堂　内部。シェルの交差部分。

シトー会西宮の聖母修道院（一九六九年）

広島の世界平和記念聖堂（一九五四年）、カトリック宝塚教会（一九六五年）に続く村野藤吾（一八九一―一九八四）の設計した最後の宗教建築で、カトリックの女子修道院の建物である。西宮市の北部の観音山の山裾にある。竣工年は一九六九年。施工は竹中工務店。

シトー会というのは、まったく装飾的なものがない静謐で厳格なロマネスク様式の空間で知られるフランスはブルゴーニュ地方の修道院の流れを汲むもので、この会のロマネスク教会のファンは多い。そこに入ると、一瞬にして身が引き締まるのである。近世になってからはノルマンディー地方のトラップ修道院がその戒律を維持していたので、「トラップの人」という意味のトラピスト会とも、あるいは「トラップの女性」という意味のトラピスティーヌ会とも呼ばれる。その厳格さの伝統を意識したか、カトリック宝塚教会ではクジラが反り返ったような目立つ外観のものを設計していた村野が、ここではシンプルでまったくひっそりとしたものを建てている。ほんの一部をのぞかせてもらっただけなので、全貌はよくわからないが、主棟は鉄筋コンクリート造3階建ての、二つの中庭をもつ矩形の建物のようである。それに入り口付近に2棟の平屋の付属屋がある。付属屋もコンクリートの外壁に薄いベージュ色の塗装を施しただけのシンプルな矩形の建物で、これまたひっそりと緑の中におさまっている。

主棟の一部にある聖堂を見せてもらったが、それも矩形の建物で、曲線的なものが全然ない。窓も普通の矩形の窓である。ただし教会の交差部に相当するところにあるトップライトは円錐台形。また、内壁には煉瓦が張ってあって、それに白い塗装がされているので、ちょっと見ただけでは、白い滑らかな壁と変わらない。総じてシンプルで余計なものが一切ない。これの竣工時に村野は78歳。シトー会の施設であるからでもあろうが、ここは村野の行き着いた境地でもあるかもしれない。一九八〇年に、村野はこの修道院でカトリックの洗礼を受けている。亡くなったのはその4年後。

この修道院は非公開ではあるが、入り口のところでここの自家製のクッキーを販売しており、そこまでは行ける。

シトー会西宮の聖母修道院　主棟部分への入り口。全く飾り気がなくシンプル。

シトー会西宮の聖母修道院　主棟部分の外観。やはり要塞のようで飾り気がない。

シトー会西宮の聖母修道院　聖堂内部。

あとがき

一九五〇～六〇年代にはたくさんの自治体の庁舎が新築された。それらの多くが、耐震補強して使い続けるか、解体して新築するかを問われる時期に来ている。かつて、鉄筋コンクリート造の建物の寿命は普通60年と教わったことがある。もっとも、それは統計的なデータにすぎないが、それらもこの時期に来ているのであろう。本書にとりあげた大多喜町役場は新町役場がかたわらに建てられた後も使われているし、岡山県庁舎は耐震補強の方針に決まったようだ。横浜市役所は新しい市庁舎が建設中で、新市庁舎竣工後の現市庁舎の運命が注目されている。旭川市庁舎は、存続か解体かが二〇一八年の市長選の争点の一つとなり、その結果、解体の方向へと進むらしい。同じ佐藤武夫設計の十和田市庁舎は、隣に新市庁舎が建設中で、いずれ解体の予定とされる。ついでながら十和田市立新渡戸記念館（設計・生田勉）も保存問題の渦中である。これは問題が単純ではなさそうだが、長い年月を経た建物は、人々の記憶のよりどころとなっており、それ自体がドキュメントなのである。それに解体、引っ越し時には重要な資史料が紛失されてしまうことがある。

本書の記述は、振り返ってみると、その建物がなぜその建築家なり設計事務所の仕事になったかの探求めいたものになった。できあがった仕事のみを端的に見るべきだとする考えからすれば、少し野次馬的だったかもしれないが、建築はすぐれて社会的な存在であるから、それも許されるであろう。それでタイトルも「建築」ではなく「建築像」とした。建物そのものだけではなく建物の社会的なイメージも含めたかったからである。とりあげた建物は公共的なものが多いから、コンペになったものも多く、結果として戦後のコンペ史を語ることにもなった。

それぞれの建物の訪問旅行は、楽しかったけれどもしんどかった。北九州、広島、岡山を一日でまわり、翌日は米子、津山、神戸、西宮に行くといったいずれも鉄道による強行軍もやった。そのせいで、羽島市庁舎へ行ったときは土曜日で、中に入れなかった。香川県立体育館も使われていなかった。大和文華館は、近鉄の学園前駅の近くにあるのだが、到着が朝早すぎて、駅前で待っていたところ、たくさんの学校のスクールバスが来た。学園前の「学園」は目の前にある帝塚山学園のことだとばかり考えていたが、あるスクールバスの人から、自分たちの学園も駅名に入っているのだと聞かされたことには、事実はそうではないようだが面白かった。近鉄が大和文華館をつくったことも今回初めて知った。

つまり、本書を書くことは、若き頃の自分の無知蒙昧を思い知らされることでもあった。なにも知らずにウロウロと、しかしやたらと元気に動いていたあの頃をしばしば思い出した。あの頃にはなにがしかの熱気があり、理想と大義めいたものがあった。そう考えるのは概ね年齢のせいであろうが、時代もまた変わったに違いない。この執筆は、若きころを振り返る一種のセンチメンタル・ジャーニーでもあった。これを機会に、武満徹の「弦楽のためのレクイエム」を聞き直してみたが、わけもわからず、ただ必死になって聞いていた昔を思い出して苦笑した。武満が初めて琵琶を使ったのは、映画「切腹」が最初らしいが、一九六二年のことであった。菊竹清訓の出雲大社庁の舎もほぼ同じ一九六三年である。というわけで、本書を書くために、同時代の音楽や映画も少し振り返ってみた。

そのきっかけを与えられたのが王国社の山岸久夫氏であり、武満徹の年譜と観世寿夫の年譜のコピーを下さったのも山岸氏である。観世寿夫についてはまったく無知だった。これは大変な仕事になるなあと、少し尻込みしたが、とにもかくにも書き終えてホッとしている。建築は時代のピークに最盛期を迎え、文学や哲学は時代の衰退期に花咲くのだと、古代ギリシアの歴史の勉強で学んだが、どうもそうでもなく、時代は大きなうねりとなって同時に動いているような感もある。その時代をつくる原動力とは、一体なんであろうか。

二〇一九年二月

吉田鋼市

掲載建物所在地一覧

◉県庁舎・市庁舎・町役場

- 岡山県庁舎（1957年、前川国男）　岡山市北区内山下2-4-6
- 香川県庁舎（1958年、丹下健三）　高松市番町4-1-11
- 旭川市庁舎（1958年、佐藤武夫）　旭川市六条通9-46
- 横浜市庁舎（1959年、村野藤吾）　横浜市中区港町1-1
- 大多喜町役場（1959年、今井兼次）　千葉県夷隅郡大多喜町大多喜93
- 鳴門市役所（1963年、増田友也）　徳島県鳴門市撫養町南浜字東浜170
- 神奈川県庁新庁舎（1966年、坂倉準三）　横浜市中区元浜町1-3
- 寒河江市庁舎（1967年、黒川紀章）　山形県寒河江市中央1-9-45

◉美術館・図書館・文化会館

- 旧・神奈川県立近代美術館鎌倉本館（1951年、坂倉準三）　鎌倉市雪ノ下2-1-53
- 神奈川県立図書館・音楽堂（1954年、前川国男）　横浜市西区紅葉ヶ丘9-2
- 広島平和記念資料館本館（1955年、丹下健三）　広島市中区中島町1-2
- 国際文化会館（1955年、前川国男・坂倉準三・吉村順三）　東京都港区六本木5-11-16
- 福島県教育会館（1956年、大高正人）　福島市上浜町10-38
- 国立西洋美術館本館（1959年、ル・コルビュジエ）　東京都台東区上野公園7-7
- シルクセンター（1959年、坂倉準三）　横浜市中区山下町1
- 大和文華館（1960年、吉田五十八）　奈良市学園南1-11-6
- 憲政記念館（1960年、海老原一郎）　東京都千代田区永田町1-1-1
- 東京文化会館（1961年、前川国男）　東京都台東区上野公園5-45

- 大原美術館分館（1961年、浦辺鎮太郎）　岡山県倉敷市中央1-1-15
- 国立代々木競技場（1964年、丹下健三）　東京都渋谷区神南2-1-1
- 津山文化センター（1965年、川島甲士）　岡山県津山市山下68
- 国立京都国際会館（1966年、大谷幸夫）　京都市左京区岩倉南大鶴町422
- 山梨文化会館（1966年、丹下健三）　甲府市北口2-6-10
- 大崎市民会館（1966年、武基雄）　宮城県大崎市古川北町5-5-1
- 千葉県立中央図書館（1968年、大高正人）　千葉市中央区市場町11-1

◉大学・学校

- 京都大学湯川記念館（1952年、森田慶一）　京都市左京区北白川追分　京都大学理学部構内
- 八幡浜市立日土小学校（1958年、松村正恒）　愛媛県八幡市日土町2
- 明治大学和泉キャンパス第二校舎（1960年、堀口捨己）　東京都杉並区永福1-9-1
- 九州工業大学記念講堂と旧・事務棟（1960年、清家清）　北九州市戸畑区仙水町1-1
- 南山大学（1964年、レーモンド）　名古屋市昭和区山里町18
- 大学セミナーハウス（1965年、吉阪隆正）　八王子市下柚木1987-1
- 愛知県立芸術大学（1966年、吉村順三）　愛知県長久手市岩作三ケ峯1-1

◉事務所ビル

- 日本真珠会館（1952年、光安義光）　神戸市中央区東町122

- NTT日比谷ビル（1961年、国方秀男）　東京都千代田区内幸町1-1
- 日本財団ビル（1962年、吉村順三）　東京都港区赤坂1-2-2
- 紀伊國屋ビル（1964年、前川国男）　東京都新宿区新宿3-17-7
- パレスサイドビル（1966年、林昌二）　東京都千代田区一ツ橋1-1-1
- 百十四銀行本店（1966年、日建設計）　高松市亀井町5-1
- 霞が関ビル（1968年、山下寿郎設計事務所）　東京都千代田区霞が関3-2-5

◉病院・ホテル・広場・住宅

- JCHO横浜中央病院（1960年、山田守）　横浜市中区山下町268
- 倉敷国際ホテル（1963年、浦辺鎮太郎）　倉敷市中央1-1-44
- 東光園（1964年、菊竹清訓）　鳥取県米子市皆生温泉3-17-7
- 新宿駅西口広場（1967年、坂倉準三）　東京都新宿区西新宿1丁目
- 坂出人工土地（1968年、大高正人）　香川県坂出市京町2丁目
- 旧・建部歯科医院（1953年、増田友也）　京都市左京区下鴨松ノ木町2-2
- 上小沢邸（1959年、広瀬鎌二）　東京都品川区上大崎1-12-7

◉宗教施設

- 世界平和記念聖堂（1954年、村野藤吾）　広島市中区幟町4-42
- 日本二十六聖人記念聖堂（1962年、今井兼次）　長崎市西坂町7-8
- 東京カテドラル聖マリア大聖堂（1964年、丹下健三）　東京都文京区関口3-16-15
- シトー会西宮の聖母修道院（1969年、村野藤吾）　兵庫県西宮市鷲林寺町3-46

吉田鋼市（よしだ　こういち）

1947年、兵庫県姫路市生まれ。

1970年、横浜国立大学工学部建築学科卒業。

1977年、京都大学大学院建築学専攻博士課程単位取得退学。

1973～75年、エコール・デ・ボザールU.P.6および古建築歴史・保存高等研究センター在学（仏政府給費留学生）。

横浜国立大学教授、同大学院教授を経て現在、同大学名誉教授。工学博士。

著書　『日本の初期モダニズム建築家』（王国社）
『鎌倉近代建築の歴史散歩』（港の人）
『日本のアール・デコ建築物語』（王国社）
『日本のアール・デコの建築家』（王国社）
『日本のアール・デコ建築入門』（王国社）
『図説アール・デコ建築』（河出書房新社）
『西洋建築史』（森北出版）
『アール・デコの建築』（中公新書）
『トニー・ガルニエ「工業都市」注解』（中央公論美術出版）
『オーギュスト・ペレ』（鹿島出版会）
『トニー・ガルニエ』（鹿島出版会）
『オーダーの謎と魅惑』（彰国社）　ほか
訳書　N.ペヴスナー『十九世紀の建築著述家たち』（中央公論美術出版）
P.A.ミヒェリス『建築美学』（南洋堂出版）　ほか

日本の盛期モダニズム建築像

2019年5月30日　初版発行

著　者――吉田鋼市　
発行者――山岸久夫
発行所――王 国 社
〒270-0002 千葉県松戸市平賀152-8
tel 047（347）0952　fax 047（347）0954
郵便振替 00110-6-80255
印刷　三美印刷　製本　小泉製本
写真――吉田鋼市
装幀・構成――水野哲也（Watermark）

ISBN 978-4-86073-069-7 *Printed in Japan*

王国社の建築書

書名	著者	内容	価格
日本のアール・デコ建築入門	吉田鋼市	大正・昭和戦前期に、日本のアール・デコ建築は開花。	1800
日本のアール・デコの建築家	吉田鋼市	渡辺仁から村野藤吾まで―現存する建築の見所を解明。	1800
日本のアール・デコ建築物語	吉田鋼市	アール・デコをつくる基盤となった人々と社会の物語。	1800
日本の初期モダニズム建築家	吉田鋼市	大正昭和戦前期に活躍した建築家達の発見的記述の旅。	1800
構造デザイン講義	内藤廣	建築と土木に通底するもの。東京大学における講義集成。	1900
環境デザイン講義	内藤廣	東京大学講義集成第二弾―環境を身体経験から捉える。	1900
形態デザイン講義	内藤廣	東京大学講義集成第三弾―使われ続ける形態とは何か。	1900
建築のちから	内藤廣	いま基本に立ち戻り建築に何が可能かを問う渾身の書。	1900
場のちから	内藤廣	我々の生きる時代とは何か。「場のちから」を受け止める。	1900

数字は本体価格です。